학위논문
작성 길라잡이

학위논문
작성 길라잡이

이형환 · 이재훈 지음

한국학술정보㈜

머리말

본 책을 발간하는 데는 세 가지의 목적을 가지고 작성했다.

첫째는 초보 연구자들에게 학위논문의 개념과 구비요건을 알려주고자 했고, 여기에는 창의적 기본조건, 일반적인 구비요건, 논문의 형태, 쓰는 동기, 성공적으로 작업하기, 연구방법론, 논문의 작성계획 등이 포함되어 있다.

둘째는 어떻게 학위논문을 순서 있게 작성할 수 있는지를 알려주고자 했다. 여기서는 논문의 일반적인 틀을 이용하여 설명하였다. 서론–연구배경–필요성–목적–방법–결과–논의–결론–참고문헌의 틀을 이용하여 상세하게 각 항별로 서술하여 학위논문의 작성에 실질적으로 요구되는 내용을 필자의 소박한 경험으로 기술하였다. 많은 학생들이 논문작성법을 읽어보거나 논문을 보아도 그대로 모방하기가 쉽지 않은 것을 알고 다른 책에서 다루지 않는 세부적인 내용을 간략하게 기술하였다.

셋째는 참고문헌이나 주석을 어떻게 준비하고 이용해야 하는지를 알려주고자 했다. 논문 쓰는 방법과 방향은 다양하기 때문에 모든 것을 다 수용할 수는 없다. 어떻게 보면 단편적인 지식과 경험을 기술하였다고 본다. 부족한 부분은 다른 참고문헌을 참고하여 보충하여 주기를 바란다.

우리나라에서도 미국의 논문작성에 관한 여러 책이 출간되어 있다. 대표적인 문헌은 다음과 같다. *University of Chicago Mannual of Style, Style Mannual of Biological Journal, Publication Mannual of the American Psychological Association* 등이 전 세계적으로 참고의 대상이 되어 있다. 이 책들은 내용이 방대하고, 어떤 면에서는 이해가 어려운 점도 있으나, 필요한 분들은 참고하여 우수한 논문을 작성하기 바란다.

학위논문을 작성하려면 지도교수와의 훌륭한 대화와 의

견의 교환이 필수적이다. 항상 대화의 부드러움을 잃지 말고 고차원의 지도를 받는 길이 가장 빠른 길이라 생각한다. 논문을 쓰는 것이 중요한 것이 아니고, 결과를 얻을 수 있는 연구계획과 준비를 잘해서 우수한 데이터를 얻는 길을 택하면 논문의 작성은 순서대로 도입을 하면 된다고 본다. 본 "학위논문 작성 길라잡이"가 여러분의 진정한 길라잡이가 되기를 기원하면서 교정을 도와준 대학원생들과 이 책을 출간하여준 한국학술정보(주)에게 감사의 뜻을 전한다.

2012년 1월 1일
이형환·이재훈 씀

차 례

제1장

학위논문의 개념과 작성요건

1. 학위논문의 개념

논문(thesis or dissertation)이란 학위과정에 있는 학생들이 어떤 대상에 관하여 체계적으로 연구한 내용을 적은 글이다. 즉, 어떤 주제에 관하여 조사, 연구한 결과로 얻어진 여러 가지 증거와 이러한 증거에 대한 연구자 자신의 비판이나 평가를 종합한 것을 일정한 양식에 따라 증거를 갖추고 적절한 체제에 맞추어 작성한 것이라 볼 수 있다.

논문은 결과에 대한 논리의 해명이나 이론적 고찰, 혹은 비평과 주장이나 발견의 근거가 되는 명확한 결론을 내려야 한다.

- 소정의 과정을 이수한 후에 하기 때문에 대학원 교육의 결산물이다.

- 본격적인 연구논문이다.
- 전문적인 독립적 연구자로서의 자격을 인정받기 위한 수단이다.
- 장차 깊은 연구를 위한 관문이다.
- 연구자의 능력표시이다(증거, 연구사적인 고찰, 풍부한 자료의 제시).

1) 학위유형별로 학위논문 분류

(1) 학술학위: 미국의 **Ph. D.**가 전형적인 학술학위이다.
(2) 전문직학위: 그 밖의 특수학위는 모두 전문직학위에 속한다.

2) 학위논문의 정의와 기능

(1) 석사학위논문(Thesis)
한 가지 중요한 주제에 관한 지식축적에 독창적으로 기여할 수 있고 독립적인 연구를 수행할 수 있는 학생의 능력을 확인하는 논문이다. 기존에 완성된 연구를 체계적으로 반복하기도 하고, 학문의 축적에 기여해야 한다. 석사학위 과정은 지도교수의 지도로 연구를 하는 것이 일반적이다.

(2) 박사학위논문(Dissertation)

학생이 전문분야의 지식을 습득하고 연구자로서 독립적인 연구를 수행할 수 있는 능력이 있으며, 기존의 지식(이론)을 어떤 면에서 수정하거나 발전시킬 수 있는 결론을 낼 수 있는지를 밝히는 논문이다. 박사학위논문의 작성과정은 연구자로서 자율적인 역할을 할 능력이 있는지를 검증하는 것이다. 어떤 주제에 대한 체계적인 논의를 하며, "thesis"보다 광범위하게 논의하여야 한다.

2. 논문작성 시 유념해야 할 기초사항과 윤리

1) 논제에 대하여 깊은 연구가 있어야 한다.

2) 연구, 조사 및 실험의 기록이며 과학적 근거가 있어야 한다.

3) 기존의 지식에 보탬이 되어야 한다.

4) 문장은 알기 쉽게 작성해야 한다.

5) 이미 보고된 내용들을 짜깁기 또는 표절을 해서는 안 된다.

6) 새로운 내용의 추가발견 또는 진전이 있는 내용이어야 한다.

7) 방법 등의 수정 및 새로운 창안이어야 한다.

8) 창의적 의견과 주장을 전개해야 한다.

9) 인용문에 대한 참고문헌 및 주석을 반드시 기록해야 한다.

10) 기타

3. 논문작성의 창의적 기본조건

1) 이미 보고된 내용 또는 학설이라도 새로운 연구방법으로 새로운 논리를 전개해야 한다.

2) 연구방식은 비록 이미 보고되었다 하더라도 연구재료 및 아이디어가 지금까지의 것과는 다르게 해야 한다.

3) 아이디어 또는 재료와 방법이 모두 새롭다든지 등의 3가지 방법을 적용해서 작성을 해야 창의성이 보일 수 있다고 본다.

4) 논문의 저작권자, 즉 독창성(originality)은 지도교수와 학생의 공동소유이다. 단, 지도교수가 직접적으로 논문의 작성과 아이디어 제공 등에 공동으로 관여한 경우에만 해당된다.

4. 논문의 일반적인 작성요건

논문에 사용 및 인용되는 자료의 근거가 정확해야 하고, 논술의 내용이 객관적이고 균형적이어야 하며, 논문의 내용은 재현될 수 있어야 하고, 논문의 저술은 쉽게 작성해야 한다. 각 과정을 아래에 상세히 설명하겠다.

1) 자료의 명확성

(1) 논문내용이 명확해야 하며, 부정확한 자료는 제시하지 않는 것이 좋다.

(2) 통계 데이터를 면밀하게 분석하고, 평가하여 기술한다.

(3) 충분히 확신할 때까지 거듭 확인한다.

(4) 인명, 논제, 연대, 점, 글자의 오기 등도 있어서는 안 되며, 오류는 저자의 책임이다.

(5) 저자의 명예를 걸고 책임감으로 정확한 자료와 기술이 요구된다.

2) 내용의 증거성

(1) 논문은 그 내용이 증거성을 띠어야 하며, 주관적이어 서는 안 된다.

(2) 실제로 증명된 사실과 확인할 수 있는 증거의 뒷받침 이 필요하다.

(3) 단순한 저자의 독단적 의견만으로는 안 된다.

(4) 수집한 다른 연구들의 연구보고 등의 근거를 명시해 야 한다.

(5) 근거 없는 주장이나 설(說)은 허구이지 학설은 아니다. 소수의 전문가들은 다수의 무지자보다 우수하다는 것을 명 심한다.

3) 내용의 균형성

(1) 한쪽으로 치우치는 편파성이나 선입견에 사로잡혀서 는 안 된다.

(2) 기존의 학설이 자기의 발견과 일치하지 않아도 새로 운 발견에 대하여 자신있게 설명을 해야 한다.

(3) 상반되는 학설을 몇 년이고 논쟁을 거듭하는 멋진 학

자들을 흔히 볼 수 있다.

4) 내용의 재현성

(1) 논문은 누구나 재현하고 활용할 수 있게 기술해야 한다.
(2) 자료나 방법 등을 상세하게 기술해놓아야 재현될 수 있다. 그래야 타인이 논문을 인용하여 쓸 수가 있다.
(3) 중요한 자료는 정리 보관해서 필요한 연구자에게 제공할 수 있도록 한다.

5) 내용은 쉽게 작성

(1) 논문내용은 쉽게 이해할 수 있게 기술해야 한다. 우수한 결과도 쉽게 잘 써야 보배가 된다.
(2) 논문을 작성할 때에는 논문을 읽는 사람들이 이해할 수 있게 쉽게 작성을 해야 한다. 자기의 깊은 지식만 오만하게 생각해서는 안 된다.

5. 학위논문의 형태

1) 논문의 분량

(1) 박사학위논문의 분량: 전공분야와 대학에 따라서 큰 차이가 있다. 인문사회과학 분야는 박사학위논문 400여 개의 조사에서 보면 평균치가 206~225쪽, 최다페이지는 679쪽 정도이고, 본문에 85%, 표, 부록, 관련항목이 15% 정도이다.

(2) 석사학위논문의 분량: 평균 60~100쪽 정도이다.

(3) 논문의 분량은 제한된 것이 아니고 자기의 연구내용을 가장 간결하게 최대의 의미를 담으면 된다.

2) 논문의 체제

준수해야 하는 체제가 있다. 소속한 학교의 규정 등이다.

3) 논문작성 시작 전

지도교수와 협의하는 것은 현명한 판단이며 지름길이다. 논문을 작성하는 과정에서도 지도교수와 항상 대화하고 진행사항을 보고하며 수정과 협력을 받는 것은 멋진 논문을 작성하는 지름길이다. 혼자서 끙끙대지 말고 "두드려라, 그러면 열리리라"를 명심하길 바란다.

4) 최종적인 결과물에 포함되어야 하고, 학술지 논문보다 더 상세해야 한다.

　※ 서론 - 본론 또는 재료 및 방법 - 결과 - 고찰 및 논의 - 요약 - 참고문헌

6. 학위논문을 쓰는 동기

석·박사 학위논문을 쓰는 이유를 구체적으로 생각해보면 대략 다음과 같다고 본다.

1) 전문가가 되기 위한 특정학위의 취득이다.

2) 취득 후 전문직종에 취직 등의 경제적 이유

3) 개인의 만족감 즉, 고진감래의 달성

4) 인내와 정신수련

5) 도전의 대상으로 보기 및 사회적 지위향상

6) 동기의 활성화 등이라고 본다.

7. 성공적으로 작업하기

1) 석·박사 학위논문은 일종의 통과의례라고 생각하라.

2) 석·박사 학위논문 작성에 대해서 너무 겁먹지 마라.

3) 긴 여정이고 복잡한 과정이며, 처음 해보는 종류의 작업이다.

4) 이미 여러분은 습득한 것이라는 점을 기억하라.

5) 지도교수와 심사위원들의 도움을 항시 요청하라.

6) 동기를 활성화하라.

7) 참고문헌을 미리미리 체계적으로 준비하라.

8) 실력으로 작성하고 실력으로 당당하게 심사에 도전하라.

8. 학위논문의 분류

1) 학문의 분야별로 본 분류

(1) 인문과학 논문

(2) 사회과학 논문

(3) 자연과학 논문

(4) 기술과학 논문

(5) 의학계열 논문

2) 연구방법에 따른 분류

(1) 연구논문

(2) 조사논문

(3) 실험논문

(4) 문헌적 고찰논문

3) 연구방법론의 분류

저자가 지금 작성하려는 논문이 어느 분류에 속하는가를 미리 알고 착수하면 그 성격도 파악될 것이며, 이렇게 성격이 분명해지면 논문의 방향도 자연히 설정된다. 내용에 따라서는 "질적 논문", "양적 논문" 및 "통합논문"으로 구별되기도 한다. 본 장에서는 간단한 두 논문 또는 연구방법의 차이점 정도를 기술할 것이다. 깊은 내용의 방법론은 전문 참고문헌을 고찰하여 활용하기를 바란다. 여러 문헌 중에서 이종규(2007)의 저서 "질적 연구방법론"을 선택하여 일부내용을 발췌하여 설명하였다. 알기 쉽게 정리가 된 문헌으로 본다.

(1) 양적 연구방법론(Quantitative Research)

연구내용의 실증적인 데이터를 바탕으로, 즉 수치로 결과를 도출하여 분석과 객관주의, 일반화를 배경으로 하는 논문이다.

(2) 질적 연구방법론(Qualitative Research)

질적(質的) 논문은 양적(量的)으로 데이터를 작성할 수 없는 분야에서 사용하는 데이터 산출방법이다.

(3) 통합 연구방법론

양적 및 질적 연구방법을 병합하여 작성하는 논문이다.

9. 양적 연구방법론 알아보기

양적 연구방법은 칼 포퍼(Karl, R. Popper)의 1961년의 저서인 "과학적 발견의 논리(The logic of Scientific Discovery, 1961)"에 잘 나타나 있다. 양적 연구방법은 자연과학, 사회학, 심리학 등 대부분의 연구분야에서 널리 적용 및 활용되어 왔다. 양적 연구방법의 이론 등에 관심이 있는 독자들은 다양한 양적 논문에 관한 문헌을 찾아 연구하기 바란다. 본

서에서는 학위논문 작성자들이 쉽게 접근할 수 있는 연구과
정을 중심으로 언급하고자 했고, 과학적 연구를 위한 일반
적인 데이터의 작성, 즉 실증주의적 접근방법을 간략하게
기술하였다. 양적 연구과정에서 중요한 골격은 연구문제의
기술, 연구의 목적 또는 가설의 설정, 연구의 변수, 자료수
집, 연구방법의 설정, 결과의 분석, 신뢰도와 타당성 등이다.

1) 연구의 주제 또는 문제의 설정

양적 연구에서 모든 데이터는 수량화 또는 정량화를 통하
여 연구목적의 타당성을 입증하는 것이 1차적인 과정이다.
연구과제(주제)를 아주 간략하면서도 연구내용을 함축적으
로 표현되게 설정해야 한다. 큰 틀에서 시작하여 핵심부분
으로 집중적으로 파고들어 다음의 가설이나 목적을 찾을 수
있게 하는 것이 바람직하다.

2) 연구의 가설 또는 목적의 설정

연구의 가설이나 목적은 연구방법을 통해서 검증될 수 있
어야 한다. 가설은 변수들 간의 관계를 추측하는 과정을 나
타내는 것이다. 이종규(2007)의 "질적 연구방법론"에서 가설

의 과학적 연구에 필요불가결한 근거를 Kerling & Lee(2000)의 연구를 바탕으로 다음과 같이 언급하고 있다.

(1) 가설은 이론을 위하여 살아 있는 도구이다. 즉, 가설은 이론과 다른 가설로부터 추론된다.

(2) 가설은 검증될 수 있고 이를 통해 옳거나 틀린 것을 알 수 있다.

(3) 가설은 지식의 진보를 위한 강력한 도구이다. 그 이유는 과학자들은 그들 밖의 지식을 얻을 수 있기 때문이다.

위의 내용은 매우 적절한 표현이며 동감이 가기 때문에 인용하였다. 학위논문 작성자들이 가설이나 목적을 정리할 때 도움이 되리라 믿는다.

3) 연구의 변수와 변수 간의 관계

양적 연구에서는 여러 가지 변수를 놓고 변수 간의 차이나 분석을 통한 결론을 얻게 된다. 이러한 변수 간의 상관관계를 떠난 양적 논문은 가치를 크게 인정받기가 어렵다고 판단한다. 양적 논문은 보편적 일반화를 지향한다. 변수는 연구자들이 얻고자 하는 목적대상의 구별되는 내용이다. 변수는 수나 가치가 부여된 제목들이라 말하고 있다. 남자와 여자를 비교한다면, 키, 몸무게, 나이, 허리둘레, 발의 크기 등이 모두 변수가 될 수 있다. 양적 연구에서는 통계적으로 독립변수나 종속변수를 구분하여 분석을 위한 정의를 하곤 한다. 일반적으로 질적 연구에서도 이러한 용어와 방법을 사용하고 있다.

4) 데이터수집

연구하고자 하는 연구대상 집단의 크기는 자료수집에서 매우 중요한 점이다. 집단이 크면 클수록 양적 연구에서는 수학적 사고를 바탕으로 한 수치계산을 하기 때문이다. 통계적 수치는 집단이 클수록 정확도가 높게 되기 때문이다. 모집단의 수를 알면 대개 확률적 정확도는 인문사회과학이나 자연과학에서도 확률은 $p<.05$ 또는 $p<.001$을 기준으로 하여 표본집단의 유의성을 통계 소프트웨어로 자동으로 계산이 가능하다. 질적인 연구에서는 1명의 연구대상을 기준으로 하여 분석자료를 풍부하게 얻을 수 있는 경우가 있다. 연구대상의 표본이 기본적인 정규분포를 한다는 예측하에 과학적인 연구는 진행되며, 정규분포의 분석에서 모수추정검사의 평균을 비교하기 위하여 사용하는 통계방법을 사용한다.

다음과 같은 통계 소프트웨어 SPSS 및 SAS가 개발되어 사용되고 있다. 전문가에게 의뢰하면 데이터를 얻을 수 있다. 통계 처리된 내용을 논문작성자도 모두 알아야 한다. 전문가들이 분석한 자료를 준대로 사용하는 것은 안 된다. 자기 학위논문에 들어 있는 내용을 모두 숙지해서 자기의견을 제시해야 한다.

(1) 두 변수 간의 비교분석에는 t-검정법을 사용한다.

(2) 세 변수 이상을 비교 분석할 때는 ANOVA 분산분석 방법을 주로 사용한다.

(3) 정규분포를 이루지 않는 비모수 추정 검정은 만-휘트니 U검증법(Mann-Whitney U test)을 자주 사용한다. 즉 두 독립집단의 집중경향치가 통계적으로 다른지 결정하기 위한 비모수치 통계검증법이다. 종속측정치가 최소한 서열척도인 경우에 사용된다.

5) 연구방법의 설정

연구방법이 기본적으로 양적으로 표현될 수 있도록 체계적으로 설정해야 한다. 비교대상의 정확한 표준군과 실험군을 설정해서 방법을 설정하면 결과를 양적으로 우수하게 얻을 수 있다.

6) 자료 및 결과의 분석

자료는 범위가 광범위하나 본인이 인용하는 참고문헌부터 시작해서 연구에 사용하는 기기의 척도나 사용방법 및 치수의 측정과정 등이 모두 해당된다. 결과의 분석에 양적 연구에서는 상관관계(correlation), 회귀분석(regression analysis), 빈도분석(frequency), 분산분석(variance analysis), 중심화 경향(central tendency) 등을 사용하여 가설이나 목적의 타당성을 검증하곤 한다.

7) 방법, 도구 및 결과내용의 신뢰도

신뢰도는 양적, 질적 논문에서 모두가 중요한 요점이다. 앞에서도 언급하였듯이 문헌이나 자료의 수집에서부터 분석과 해석에 이르기까지 신뢰도는 항상 일관성 있게 유지되어야 한다. 양적 연구에서는 수학적, 통계적으로 측정을 하는 작업에 있어서 신뢰도와 타당성을 제일 중요하게 취급하여야 한다. Kerlinger(1986)의 저서 "Foundation of Behavioural research"와 이종규(2007)의 "질적 연구방법론"에서 신뢰도를 측정하는 세 가지 방법을 다음과 같이 제안하였다. 공감이 가기에 소개한다.

(1) 우리가 같은 연구목적물에 대하여 반복적으로 측정하여도 같은 결과를 얻을 수 있는가?

(2) 측정도구로부터 얻은 측정치가 목적물을 정말로 측정한 값인가?

(3) 신뢰가능성, 즉 측정오차에 관한 것이다. 연구를 할 때에 대상목적물 또는 조건 등에서 측정할 때에 측정오차를 범할 수 있다. 측정오차가 나타나는 한 측정 정도는 신뢰할 수 없다. 그는 분산분석을 통해서 이를 측정할 수 있다고 보았다.

결론적으로 보면 (1)번은 신뢰도의 안정성, 신뢰성 및 예측가능성을 말해준다고 했고, (2)번은 측정의 정확성을 유지해야 한다는 것이고, (3)번은 신뢰도와 측정도구의 정확도를 유지해야 한다는 것으로 언급하고 있다. 연구자들은 연구할 때에 신뢰성에 심혈을 기울여야 한다. 신뢰성에는 여러 가지 통계적인 방법을 이용하여 검증과 재검증을 통하여 얻을 수 있다. 더 자세한 것은 앞의 문헌들을 참조하기 바란다.

8) 타당도 분석

연구자가 자기가 연구하는 것을 제대로 측정하였는가에 관한 것이 타당도 분석이다. 자연과학에서는 타당도 검사가 비교적 쉬우나, 인문사회과학의 연구에서는 설문지 등을 이용할 때에 응답자의 진실성을 연구해야 한다. 더 자세한 내용은 위의 문헌을 참고하기 바란다.

10. 질적 연구방법론 알아보기

본서에서는 질적 연구논문의 작성에 필요한 간단한 지식만을 기술하고자 한다. 깊은 방법론적인 내용을 더 알고 싶은 연구자는 전문서적을 참고하여 많은 지식을 얻고 활용하기 바란다. 질적(質的) 논문은 양적(量的)으로 데이터를 작성할 수 없는 분야에서 사용하는 데이터 산출방법이다. 질적 연구에서는 어떤 현상이 일어나는 과정이나 원인 등에 관한 해석이 매우 중요하고, 자료의 분석방법도 적절한 해석을 위한 연구방법과 절차를 따라야 한다. 이종규(2007)의 "질적 연구방법론"에서 중요한 부분의 내용을 인용해서 설명하고자 한다. 매우 자세하게 방법론에 대하여 저술하였다. 연구자들도 더 심화된 지식을 얻고자 하면 참고하기 바란다.

1) 질적 연구의 장점과 단점

양적인 연구에서도 장점과 단점이 있을 수 있으며, 또한 질적 연구에서도 있을 수 있다. 질적 연구의 장점은 이종규의 저서와 James(1997)에 의하면 "연구를 심도 있게 할 수 있고, 종합적인 정보를 생산하며, 연구되고 있는 변수의 맥락 혹은 자연적 환경을 묘사할 뿐 아니라 상황 속의 다른 변수의 상호작용을 묘사하기 위하여 주관적인 정보와 참여관찰을 이용하므로 어떤 현상에 대한 전체상황의 폭넓은 이해를 추구할 수 있다는 것이 장점이다"고 했다. 단점으로는 "연구의 주관성은 연구방법과 정보의 신뢰도 및 타당성을 확립하는 데 어려움을 가져올 수 있다는 것과 연구자가 만들어낸 편향을 방지하거나 추적하기가 매우 어렵다"고 했다. 연구자들은 이상의 장점과 단점의 문제점을 상세하게 이해하고 연구의 설계부터 데이터의 작성까지 문제없도록 최선을 다하는 길을 모색하여야 한다.

2) 질적 연구의 설계와 분석

일반적인 질적 연구의 설계는 이종규(2007)와 Morrison(1993)의 4단계 모델을 참고하기 바란다.

11. 통합논문

논문의 연구 성격에 따라서 위에서 언급한 양적 또는 질적 연구를 하여 논문을 작성하게 되는데 많은 논문에서는 둘을 혼용한 통합논문으로 작성하는 경우가 많다(Tashakkori & Tedlie, 2007).

12. 논문작성 준비 단계

주제가 선정되면 어떤 방법으로 연구할 것인가를 생각해야 하며 구체적인 연구계획을 수립한다. 치밀한 연구준비는 시간낭비와 실수를 줄이고, 최소의 비용과 최단 시일 내에 최대의 결과와 효과를 얻는 목적을 달성할 수 있다. 결과를 기록하고 데이터화하는 면에 중점을 두어야 한다.

1) 스케줄 짜기

제출기일까지 이를 완성하는 데 필요한 스케줄을 짜야 한다.

2) 자료의 수집마련

연구자료가 무엇이며 또 이들을 어디서 구할 것인가에 대하여 계획한다. 보유한 자료와 외부에서 구할 자료를 구분하여 계획을 세운다.

3) 자료의 정리와 활용준비

자료수집이 완료되면 이를 정리해서 활용할 계획을 생각한다.

4) 논문작성상담

초보자일 경우에는 모르는 것을 가르쳐줄 지도교수나 사람을 찾아서 자문을 받는다.

5) 연구일정 짜기

자연과학의 논문을 작성할 때는 연구계획을 면밀히 짜야 하고, 인문사회과학도 현지답사, 자료수집 등 일종의 연구와 같은 성질의 것이 있다. 이에 대한 면밀한 계획을 수립한다.

6) 연구비 마련

논문작성에 연구비는 성패를 좌우하는 중요한 일부이다. 무리하지 않는 범위 내에서 마련한다.

제2장

학위논문의 일반적 체제와 각론

1. 학위논문의 일반적 체제

다음과 같은 체제를 대개 활용하고 있다.

1) 표지: 논문제목, ○○학년도, 석사 또는 박사학위 청구논문

2) 논문제목 및 심사위원

3) 목차

    (1) 표 목차

    (2) 그림 목차

    (3) 사진 목차(필요한 경우)

(4) 국문(한글) 초록

(5) 영문 초록

(6) 서론

  ① 연구배경 및 선행연구

  ② 연구의 필요성

  ③ 목적 또는 가설

(7) 연구재료 및 방법 또는 본론

  ① 연구재료 및 연구대상자 또는 연구대상 과제

  ② 연구에 사용한 기구

  ③ 연구방법(다양한 연구방법의 구체적 기술)

  ④ 연구내용의 분석방법

  ⑤ 연구결과의 분석기준

(8) 결과(경우에 따라 결과 및 논의로 작성할 수 있음)

(9) 논의 또는 고찰

(10) 결론 또는 요약

(11) 참고문헌

(12) 부록(필요한 경우)

일반적으로 이상과 같은 논문의 체제를 학교별로 규정하고 있다. 순서대로 작성한 내용을 아래에 상세하게 기술하고자 한다. 논문의 마지막 제본에서는 규정대로 규격을 맞추어 제본해야 한다.

2. 각론

논문작성의 각 부분에 대해서 나름대로의 의견과 경험을 제시하니 여러분들의 조건에 맞도록 활용하기 바란다. 초록은 학위논문의 맨 앞에 또는 맨 뒤에 배치하는 경우가 많다. 초록은 매우 중요하지만 가볍게 보는 학생들이 많고, 작성의 의미를 잘 이해하지 못하여 두고두고 후회를 하는 경우도 많이 보았다.

1) 초록(abstract) 작성 길라잡이

(1) 초록의 중요성
초록은 지금까지 자기가 연구한 결과를 있는 그대로 전 세계에 공표하는 매우 중요한 장소이다. 그렇기 때문에 진실성과 과학성이 있어야 한다. 대부분의 학위취득자들이 초록의 중요성을 잘 인식하지 못하는 경우가 많다고 본다. 중요성을 보면 다음과 같다.

① 자기 연구결과를 최대한 요약해서 간결하고 알기 쉽게
　　표현하는 장소이다.

② 자기결과에서 애매한 부분은 과감하게 제거해야 한다.

③ 대부분의 학술연구 데이터베이스가 이 초록을 기준으
　　로 작성된다.

④ 초록에 있는 중요 연구내용 및 용어가 주제어(key
　　word)로 작성되어야 한다.

⑤ 초록에 제시되지 않은 용어 등을 주제어로 선택하는
　　것은 큰 오류이다.

⑥ 다른 연구가들이 논문을 인용할 때에 초록을 중심으로
　　인용을 한다.

(2) 초록의 작성법

① 제목, 기관 및 연구자의 이름과 이메일 등을 기술한다.

② 연구목적을 간결하게 기술한다.

③ 연구방법과 자기 연구결과만을 간결하게 기술한다.

④ 연구의 가치를 간단하게 결론 내린다.

⑤ 뒤에 있는 "결론 또는 요약 작성의 길라잡이"를 참고
　　하여라.

⑥ A4용지로 한 페이지를 넘지 않게 기술을 압축한다.

〈한글 초록의 표본〉

손상된 흰쥐 간의 자기장에 의한 자연치유 효과

윤혜선

건국대학교 생명과학과

<목적> 만성 에탄올 섭취로 유도된 흰쥐의 간 손상에 미치는 자석의 N극과 S극의 혈중 GTP와 GOT의 생화학적 효과와 조직 병리학적 상태를 조사하였다.

<방법> 쥐에 3,000가우스의 자장을 조사하였다.

<결과> 만성적인 에탄올 섭취 시 자석의 N 및 S극은 GPT 수치를 유의적($p<.01$)으로 감소시켜 간의 손상을 경감시킴을 알 수 있었다. N 및 S극 모두 총 cholesterol에는 효과가 없었으나, triglyceride 중성지방의 축적억제에는 N 및 S극군 모두 유의적($p<.01$)으로 감소하는 효과를 나타내어 고중성지방에 효과가 있었다. 알코올 분해효소의 활성은 N 및 S극에서 모두 효과($p<.01$)가 높았다. 간의 조직학적 소견에서는 N 및 S군은 간세포 내 지방축적을 억제하고, 간세포 활성에 미치는 효과가 높았다.

<결론> 자석 및 자장의 N 및 S극의 유용한 점을 응용한다면 여러 가지 질병치료에 적용시킬 수 있을 것으로 기대된다.

<주제어> 에탄올, 자석, 쥐, GTP, GOT, 콜레스테롤, 중성지방, 간

⟨Abstract sample⟩

The Escalating Cost and Prevalence of Alternative Medicine

A. H. MacLennan
Department of Obstetrics and Gynaecology, Adelaide
University, North Adelaide, Australia

<Background or Purpose> The purpose of this study was to measure trends in the prevalence and cost of alternative medicines and alternative practitioner use in an Australian population and to obtain a profile of users and their beliefs.

<Methods> In 2000, we repeated a 1993 representative population survey of persons ages 15 years or older living in South Australia, which provided 3,027 personal interviews. We assessed the rates of use, types of alternative medicine and therapists, costs, and beliefs of users and nonusers. Comparisons in usage patterns with the 1993 survey were also made.

<Findings or Results> In 2000, the overall use of at least one nonmedically prescribed alternative medicine(excluding calcium, iron, and prescribed vitamins) was 52.1%(CI /1.8). Users were more likely to be female, be better educated, have a higher income, and be employed. Since 1993, females were using significantly more herbal medicines, ginseng, Chinese medicines, and aromatherapy oils. Many were self-prescribed. Among users, 57.2%(CI /1.2) did not tell their doctor. In 2000, 23.3% of respondents had visited at least one alternative practitioner with increasing use of acupuncturists, reflexologists, aromatherapists, and herbal therapists. Most thought

alternative medicines were safe but thought they were, or should be, subject to the same standards as prescribed medicines. Among respondents, 92.9% wished product information to be of standard and content similar to those supplied with pharmaceuticals.

<Interpretation or Conclusion> Extrapolation of the costs to the Australian population gives an expenditure on alternative therapies in 2000 of $AUD2.3 billion and for the U. S. population an annual expenditure of $US34 billion. In Australia this represents a 120 and 62% increase in the cost of alternative medicines and therapists, respectively, since 1993. In 2000 expenditure on alternative therapies was nearly four times the public contribution to all pharmaceuticals. The public appears to have ambivalent standards for alternative therapies but wishes to be empowered with accurate information to facilitate self-prescription. The public health ramifications of an expanding alternative medicine industry are great.

<Key words> alternative medicine, alternative therapy, population survey, prevalence, cost.

2) 표지 및 내지

(1) 겉표지는 검정색 견고한 표지를 대개 사용한다.

(2) "○○학년도, 석사, 박사학위 청구논문"이라고 왼쪽 상단에 작은 글체로 쓴다.

(3) 논문의 "국문제목과 영문제목"을 상단에 15포인트 정도의 크기로 쓴다.

(4) 중앙에 지도교수 ○○○이라고 좀 작게 쓴다.

(5) 하단에 "○○대학교 ○○학과 ○○전공", "제출자의 성명"을 쓴다. 표본을 참조하여 작성한다.

(6) 내지-1: 겉표지와 똑같이 모조지 위에 작성을 한다.

(7) 내지-2: 내지를 한 장 삽입한다.

3) 논문작성의 순서와 계획

논문은 저자의 창의성과 주장 또는 발견을 발표하는 것으로 객관적 타당성, 체계적으로 구성, 계획과 순서를 잘 짜야 하며 논문작성의 순서(통용되는 방법)는 다음과 같다.

(1) 주제의 선정

(2) 연구계획의 작성

(3) 자료의 수집

(4) 자료의 평가

(5) 자료의 편성

(6) 원고의 작성

(7) 소요기간 대개 1년 이상

4) 학위논문 제목(주제)을 결정하는 길라잡이

학위논문의 경우 대개 지도교수가 논제를 주는 경우가 많으며, 그렇지 않은 경우도 있다. 학위논문은 세계적인 안목을 가지고 정해야 한다. 지금은 인터넷의 발달로 누가 어느 곳에서 무엇을 했는지, 학위취득과 동시에 도서관을 통해서 모든 것이 공개된다. 자기 나름대로의 새로운 시각을 가지고 작성해야 다른 연구자들의 눈에 띄게 된다. 또한 다양하고 새로운 모습을 갖추어야 한다. 제목은 논문을 구별하는 중요한 요소 중의 하나이며, 논문을 읽을 독자들에게 접근하기 위해서는 가능하면 이 연구를 통해 새로이 발견된 증거를 제목에 넣어주는 것이 좋다. 이 경우, 연구가 종결된 뒤에야 제목으로 쓸 증거들이 발견될 수 있다. 따라서 처음에는 가설에 기초하여 임시제목을 정한 뒤, 나중에 고치는 것도 하나의 방법이라 생각한다.

(1) 학생의 능력에 적합하고 새로운 시각의 제목을 선택할 것

① 처음에 정하는 제목은 가설적인 의미를 많이 담고 있다.

② 연구결과를 보고 제목과 목적이 재창출되는 예가 많다.

③ 연구에 필요한 시설, 경비, 보조자 준비가 없으면 실현 불가능하다.

④ 자료수집 기간이 오래 걸리는 것도 유의해야 한다.

⑤ 작성기간 등을 참조해야 한다.

(2) 구체적이면서 연구범위가 좁고 간결할 것

① 너무 거창하거나 추상적인 것은 선택하지 않는 것이 좋다.

예: 자유민주주의 발달사, 자연치유 연구 등

② 제목 속에 구체적인 핵심 포인트가 들어가는 것이 바람직하다.

(3) 학생에게 관심이 있는 과제를 선택할 것

① 학생에게 관심 있는 과제는 능률이 오르고 결과도 좋다.

② 관심이 있는 과제는 도전적인 마음이 생긴다.

③ 학생에게 관심이 많은 것은 이미 약간의 지식이 있으니 연구에 도움이 된다.

(4) 결과가 나올 수 있는 연구를 할 것

① 논문의 주제에 대해서 결과를 낼 수 있는 것이라야 한다.

② 결과가 없으면 논문으로서의 가치가 없다.

(5) 창의적이고 참신한 과제를 선택할 것

① 논문은 학술적인 연구결과를 기술하는 것이며 학문에 기여하는 점이 있어야 한다.

② 석사 및 박사 학위논문은 전문지식과 연구능력을 보는 데 그 목적이 있기 때문에 창의성이 중요하다.

③ 인류문화의 발전에 기여하는 과제이어야 가치가 있다.

5) 서론 및 연구배경 작성의 길라잡이

서론에는 어떠한 일이 벌어지나? 새론은 문헌으로 고찰하는것이다. 인문사회계는 "연구의 필요성-연구배경-연구목적-가설" 등의 순서, 자연계열에서는 "서론-연구배경-연구필요성-연구목적" 등의 순서로 작성을 하는 것이 보편적이다. 논문의 연구내용에 따라서 위의 배열은 다양할 수 있다.

필요성을 제기하기 위해서는 연구배경을 주제 또는 동일 분야의 역사적 또는 순차적인 선행연구들의 내용을 연대별로 현재까지의 연구경과를 정리해보면 연구가 어디까지 전 세계적으로 되어 있는지를 파악할 수가 있다. 그러기 때문에 연구의 배경 뒤에 필요성이 오는 것도 매우 좋은 논문이 된다. 즉, "서론-연구배경-필요성-목적 또는 가설"의 순을 활용해도 된다는 의미이다. 이러한 틀은 정해진 것이 아니기 때문에 논문작성자가 판단해서 지도교수 또는 학교의 규정에 맞게 준비하면 된다. 이 책에서는 앞에서 제기한 순서로 의견을 제시하고자 한다.

논문의 주안점이 무엇인지 밝히는 부분, 제목과 관련 있는 과거의 연구 등의 소개, 논문의 근거를 명확히 제시하고, 논제의 접근방법이나 특수한 술어의 해설 또는 기본적인 자료를 밝힌다. 서론은 간결하게 기술하라.

- 주제를 제시하고 간단한 개요를 기술하며 통합적인 문헌고찰을 하라.
- 깔대기식 접근법을 사용하라. 즉, 연구주제 분야에서 일반적인 문헌으로 시작하고, 점차적으로 연구의 구체적 분야와 연구하고자 하는 정확한 연구문제로 초점을 좁혀가라.
- 주제를 소개하고 관련된 문헌을 고찰한 후, 독자들에게 여러분의 연구가 왜 필요한지에 대한 이론적 근거를 명확하게 제시하라.

(1) 연구배경 및 선행연구의 작성법

연구배경과 선행연구는 동일한 내용인데 선행연구는 특별히 연구자의 연구와 바로 직접관련성이 있는 논문을 의미한다고 본다. 배경 말미에 특별히 언급하면 한다. 아무리 중요하고 필요한 연구라 할지라도 과거에 동일한 연구가 행해졌다면 이를 다시 반복할 필요는 없다. 따라서 선행연구들을 정리하는 과정을 보여주며, 이 분야가 사람들의 관심을 많이 받고 있는 필요한 분야임을 다시금 인식시킴과 동시에, 자신의 연구는 선행연구와 차별성이 있다는 사실을 분명히 제시해야 한다. 이러한 차이점이 연구의 필요성이라는 것을 밝히고, 연구를 하게 된 동기부여의 타당성을 부각시켜야 한다. 자료를 수집해서 정리와 분석을 한 후에 논문의 작성을 시작한다. 문헌리스트가 작성이 안 된 경우는 시작하지 않는 것이 바람직하다. 논문작성의 시작은 문헌목록 작성부터 해야 한다.

① 문헌의 수집

㉠ 연구배경의 초안 작성

문헌수집은 논문의 연구배경을 다루는 데 필요한 정보를 얻어 기록하는 것이다. 문헌카드 작성을 하고, 참고문헌에서 얻어지는 정보 또는 아이디어는 카드에 기록하는 것이 바람직하다. 주제어(key word)를 만들어서 분류하여 작성하는 것도 바람직하다.

ⓛ 문헌카드 작성

문헌카드가 정리에 가장 효율적이다. 한 장의 카드에 한 가지 사항만 기록해야 문헌카드의 이점을 살릴 수 있다. 문헌카드의 윗부분에는 주제어를 적어놓고, 오른편 구석에는 출처를 표시하는 것도 한 방법이다. 카드작성 요령은 다음과 같다.

- 원문을 요약해서 기술한다.
- 원문 그대로 옮기는 것, 반드시 따옴표로 표시한다.
- 원문의 뜻을 재작성한다.
- 이상의 3가지 방법을 종합해서 정리한다.

② 문헌의 평가

수집한 문헌에 대하여 가치 여부를 평가해서 사용해야 한다.
- 그 문헌의 목차부터 훑어보고, 자기 조사자료에 필요한 것인지 생각한다.
- 초록을 읽어보고, 그 문헌의 내용, 성격, 살펴본다.
- 본론내용을 대충 훑어보고 참고할 것이 있나 살펴본다.

- 근거 등이 상세한지, 신뢰할 만한지 판단한다.
- 출판사의 권위와 신용 등도 살펴본다.

③ 문헌의 정리요령

문헌의 수집과 그 평가가 끝나고 논문의 분량이 결정되었으면 거기에 맞추어 논문을 작성한다. 정리한 문헌을 몇 가지 범주로 정리해둔다. 하나의 문헌를 입수하면 우선 "어디서" 얻었는가, 다음에 "무엇"을 얻었는가를 그때그때 분명히 메모해두는 것이 좋다.
- 연대순이나 분야별으로 정리한다.
- 비교검토를 통해 유사성과 차이점을 찾아내는 것이 좋다.
- 일반적인 것에서부터 특수한 것 순으로 정리한다.
- 내용과 결과의 순서로 정리하기도 한다.
- 위의 내용을 적절히 활용한다.

④ 연구배경의 작성 시작

제목 또는 주제가 정해지고 주제에 대한 문헌수집이 일단락되어 필요한 문헌가 정리되었으면 이제는 논문의 연구배경 및 논문을 작성할 단계이다.
- 체계적인 전개와 구성이 되도록 한다.

- 처음에는 같은 내용의 문헌끼리 모으고, 다음에 그 문헌 간의 관계를 생각한다.
- 연관성이 깊은 문헌군을 합하면 더욱 큰 문헌이 이루어진다.
- 문헌의 성질과 종류에 따라서 문헌를 분류하여 종합하는 과정을 거치는 사이에 자연히 연구배경이 만들어진다.

⑤ 서론 및 연구배경 서술방식

연구배경은 많은 학자나 연구자들의 업적을 간추려 연대별 또는 분야별로 성취한 내용을 간추려서 연구의 목적과 연구가 아직 되지 않은 부분을 찾아서 본인 연구의 타당성을 찾는 데 주목적이 있다고 본다. 서술에 필요한 간단한 상식을 언급하고자 한다.

㉠ 문장력

문체의 시제는 과거형을 사용는것이 바람직하고, 말미에는 보고하였다, 연구되었다, 학술지에 게재되었다 등의 표현을 사용하는 것이 바람직하다. 그 뒤에는 반드시 참고문헌이 바늘 가는 데 실 가듯이 따라야 한다. 문장의 서술에서 문법과 띄어쓰기 등을 중요시하고, 문장의 시제를 맞추고, 주어와 술어의 위치를 정확히 하는 것은 문장력을 돋보이게

한다. 형용사와 부사 등을 적절하게 배치하고, 구어와 학술
용어를 구별해서 사용해야 한다. 필요 이상의 형용사와 부
사의 남용은 삼가는 것이 바람직하다.

ⓛ 용어의 통일성

문장 중의 용어의 통일성, 문자 중의 한자와 영어 등 외래
어 사용의 통일성은 면밀히 살펴서 사용해야 한다. 한자 및
영어 등의 용어나 특수단어 등도 한 번 사용한 것은 뒤에서
는 한글로 서술하는 것이 좋다. 근래에는 학위논문을 대부
분 한글로 작성을 많이 하는 추세이다. 논문 전체를 외국어
로 작성하는 경우를 제외하고 언급하는 것이다.

> 예: 자연치유(自然治癒) → 자연치유
>   자연치유(naturopathy) → 자연치유

ⓒ 단위 표시

단위를 표시할 때는 국제적인 공용단위를 사용하여야 한
다. <kg, m, cm, mm, g, ml, nm, ng, cal> 등은 한 칸을 띄어
서 "44 m"로 쓴다.

<%, ℃, 경사도°>는 붙여서 사용한다.

> 예: 22℃, 10%, 기둥이 44°로 기울어 있다

단위를 나타내는 명사도 띄어서 정확히 사용해야 한다. 예로 "여섯 개" 등이다.

ㄹ 호칭의 표현

본문 중에서는 연구내용을 인용할 때 연구자 또는 논문발표자의 성과 이름 뒤에 직위를 붙이지 않는다.

> 예: "박정희 교수(2011)는"이라 쓰지 않고, "박정희(2011)는"이라 쓴다.

ㅁ 인용문과 부호

인용문은 큰따옴표와 작은따옴표를 활용하여 사용한다. 다른 사람들의 연구결과를 인용할 때는 학술논문의 경우는 초록을 주로 인용하는 관계로 문장이 간략하므로 결과적으로 유사한 표현을 할 수밖에 없다. 그러나 책이나 인문사회계의 저술을 인용할 때에도 문단을 그대로 베껴오는 것은 저자를 참고문헌 저자로 인용하더라도 문제가 있다. 그 문장 속의 의미를 해석해서 자기 말로 표현의 글을 쓰고, 저자를 인용하는 방식이 가장 바람직하다.

문단을 인용해서 가져올 때에 띄어 쓰는 사람들이 있는데 그것은 연구의 역사적 배경을 물 흐르듯이 연속성을 가지고 나아가야 하는데 그렇지 않기 때문에 모양새가 매우 좋지 않다. 연구배경은 발견의 역사를 순차적으로 기술하는 부분이 대부분이므로 유념해야 한다. 연구배경에서는 자기의 의견이 거의 안 들어간다. 자기의 의견은 나중의 논의에서 마음껏 펼칠 수 있다.

ⓑ 참고문헌의 표시

문장 중 또는 머리에서 인용한 참고문헌의 표시를 할 수 있다. 참고문헌 중에서 학술논문의 경우는 반드시 "권(호):페이지"를 기입해야 한다. 참고문헌 중에 단행본 등도 페이지를 반드시 기록해야 하고, 인용 시에 내주에서 생략해도 좋으나 지도교수님과 상의하고, 심사위원들의 의견을 존중하는 것이 편하다.

＊참고문헌의 저자와 연대의 인용은 문장 끝의 기술이 "보고하였다, 하였다, 언급하였다, 추론하였다, 발표하였다" 등의 업적을 표현할 때마다 참고문헌을 인용해야 근거를 제시하는 것이다. 다음의 예로 설명하겠다.

예 1: 홍길동(2009)은 조선시대에 영웅적인 활동을 하였다.
　　　홍길동과 이성계(2010)는 조선시대에 영웅적인 활동을 하였다.
　　　홍길동 등(2011)은 조선시대에 영웅적인 활동을 하였다.

저자가 3인 이상은 "등, 외"로 표기하여 이름을 생략한다.

예 2: 조선시대의 영웅적인 활동도 보고되었다(홍길동, 2009).
　　　조선시대의 영웅적인 활동도 보고되었다(홍길동과 이성계, 2010).
　　　조선시대의 영웅적인 활동도 보고되었다(홍길동 등, 2011).

온점을 찍는 장소에 유의하여야 한다. 인용괄호 뒤에 온점을 표시해야 하며, 인용괄호 앞에 찍으면 별개의 문장이 된다.

예 3: 여러 인용문헌을 한 괄호 속에 인용 기술할 때는 연도순으로 기재한다.

조선시대의 영웅적인 활동도 보고되었다(홍길동, 2008; 홍길동과 이성계, 2009).

예 4: 홍길동(2011, 10-20)은 계급사회의 타파를 위해서 - 이 경우는 "내주"를 사용하는 방식이다.

"내주"를 사용할 때는 참고문헌에서 페이지를 생략하는 경우가 일반적이다. 그러나 참고문헌에 페이지를 표시해도 무방하다고 생각한다. 논문을 작성하는 저술자가 결정을 해도 된다. 중복성을 피하기 위해서 이런 방법을 사용한다.

ⓧ 각주의 사용

　각주는 원래 새로운 용어, 지명, 인명 및 특수한 용어 등의 이해를 돕기 위한 해설로 사용한 것이었으나, 많은 연구자들이 참고문헌 양식으로 사용하는 예가 많다. 용어 등의 설명 또는 해설도 간략하게 하는 것이 돋보인다. 각주의 작성은 "흔글과 컴퓨터 프로그램"의 경우는 컴퓨터의 "입력" 메뉴에 들어가면 "주석" 단추가 있고, 그 속에 "각주" 작은 단추가 있다. 이 단추를 사용하여 다양한 부호로 표시할 수 있다. 각주를 삭제하면 번호가 자동으로 연속적으로 변하기 때문에 주의하여 사용하여야 한다.

참고로 논문작성을 처음부터 "각주"로 사용하지를 말고 참고문헌으로 작성하여 논문을 쓰고, 논문이 모두 완성되면 그때 가서 각주를 표시하는 것이 편하다. 논문은 계속 수정되고 편집되기 때문에 문헌이 바뀌면 문제가 크기 때문이다.

참고문헌 형태의 "각주"는 문헌설명 문장의 종결점 맨 끝에 하나뿐이다. 예를 들면 아래 예와 같이 표현된다. 학생들은 논문 맨 뒤에 작성하는 참고문헌을 활용할 것을 권유한다.

예: 이형환, 2011, "논문작성법 길라잡이", 서울: 한국출판사, pp.1-10.

페이지(p) 표시는 단일 페이지는 <p.3. / p.33.> 하나, 복수 페이지는 <pp.3-10>으로 표시하는 것이 관례이다.

◎ 연구배경의 서술에서는 "표와 도표"는 생략하는 것이 상례이다. 이미 발표된 내용이기 때문에 내용의 인용으로 끝을 맺는다. 연구배경에서 필요하다고 하는 표는 논의에서 집중하여 자기결과와 비교 분석한다.

(2) 연구의 필요성

서론에서 가장 먼저 써야 할 것은 자기연구의 정당성을 밝히는 연구배경이다. 다음에 연구자의 연구가 왜 필요한지를 독자들에게 설득시키는 일이다. 아무리 열심히 연구했다 하더라도 연구의 방향성이 명확치 못하고, 필요성이 느껴지지 않는다면 탐색될 수 있어도 학술논문으로 인정받기는 어렵다. 따라서 서론의 연구배경 앞이나 뒤에서는 연구자가 이 연구를 시작한 동기는 무엇이고, 어떤 문제점을 해결할 수 있는지, 이 연구가 왜 필요한지 등을 서술해야 한다. 한 페이지 정도가 적당하다. 이 연구배경에서 근거를 모두 제시하였기 때문이다. 같은 내용을 중복할 필요는 없다고 본다.

6) 연구목적과 가설의 설정

    연구자가 연구의 필요성과 독창성 및 동기를 제시한 뒤에
는 앞으로 연구자가 어떤 목적으로 또는 가설을 증명하기
위해 어떤 순서대로 어떤 실험을 할 것이고, 어떤 조사를 할
것이며, 어떤 연구를 할 것인지를 제시하여 독자로 하여금
다음에 나올 본문이나 방법의 내용을 미리 파악할 수 있도
록 해야 한다. 목적에서는 번호를 주어서 간략하게 하는 것
이 바람직하다.

7) 본론

    이론적 논문에서는 논문의 핵심부분이다. 연구결과의 정
확성이나 해석의 정당성을 논증한다. 많은 참고문헌과 근거
를 활용한 비교와 분석을 통하여 목적 또는 가설의 증명을
해야 한다. 실험논문이나 조사논문에서는 본론이라는 과정
보다는 다음의 연구방법과 실험을 통한 결과분석으로 본문
을 대체하게 된다. 작성 또는 서술방법은 앞에서 기술한 연
구배경 작성법에 준해서 사용하기를 바란다. 문장의 시제는
이미 발표된 내용이기 때문에 현재형과 과거형을 복합적으
로 기술한다.

8) 연구대상 및 연구방법 길라잡이

연구되어 발표된 논문의 실험적 결과는 반복적인 연구로 재현될 수 있어야 한다.

그렇기 때문에 상세한 방법과 사용한 도구와 재료의 정확한 기록은 필수적이다.

(1) 연구대상 및 연구재료

처음에 연구대상 또는 연구재료 및 표본 출처를 구체적으로 분명히 기술해야 한다. 대상이나 재료와 표본이 불분명하면 다음에 나오는 방법이나 결과에 대하여 확신을 줄 수 없다. 시작은 출발점이므로 이를 명확히 해서 오류가 없게 하는 것이 제일 중요한 점이다. 문헌이면 문헌의 근거를 확실히 하고, 실험재료이면 믿을 수 있는 재료인지 제조회사나 구입한 경로를 명확히 밝혀라. 대상이 사람이나 동물이면 그에 대한 기초정보를 충분히 제공해라.

(2) 연구방법

연구방법에서는 누구나 똑같은 실험을 해볼 수 있도록 자세하게 기술해야 한다. 연구방안, 경험적 데이터, 표본법, 표본의 추출방법, 측정방법, 사용하는 도구 등도 상세하게 기술해야 한다. 사용하는 도구들도 회사명, 모델명까지도 상세히 기술한다. 문헌조사에서도 연구방법에 대한 순서나 특이성을 상세하게 기록을 하는 것이 바람직하다. 문장의 시제는 과거형으로 기술한다. 다음에 순서를 쓰는 예를 들어 설명하겠다.

- 연구자들이 호박김치를 만드는 이유를 서론에서 잘 쓰고 목적을 세웠으면,
- 이제는 호박김치 만드는 방법을 상세하게 써야 한다. 연구를 어떻게 진행할 것인지에 대해서 기술하는 부분이다. 다시 말해서, 매번 정확하게 똑같은 호박김치를 만들 수 있어야 한다.
- 연구자 자신은 방법을 잘 알고 있지만, 독자들은 이해를 못할 수도 있다는 것을 염두에 두어야 한다.
- 독자들이 반복적으로 여러분의 글을 따라갈 수 있도록 자료를 제시하고 조직화해야 한다.
- 통계적 처리법, 고급기기 이용법, 고급분석법 등 고도의 기술을 사용하는 것이 바람직하다.
- 수치를 사용할 때는 단위표시 등도 명확히 해서 누구나 재현을 할 수 있도록 해야 한다.
- 단위를 표시할 때는 국제적인 공용단위를 사용하여야 한다. <kg, m, cm, mm, g, ml, nm, ng> 등은 한 칸을 띄

어서 "44 m"로 쓴다. <%와 ℃>는 붙여서 22℃ 또는 10%로 사용한다. 단위를 나타내는 명사도 띄어서 정확히 사용해야 한다. 예로 "여섯 개" 등이다. 앞에서 이점에 대해서 자세히 기술하였으니 참고하라.

연구방법 기술의 예: 내용을 상세하게 기록해야 한다.

자석(Static magnetic 0.3 Tesla, 3000 gauss, 서울자석, 한국)의 N극과 S극을 각각 분리하여 각 극의 작용을 검사하기 위하여 SMF N극 노출, S극 노출을 주도록 제작한 쥐 사육 철사상자(30x20x10 cm)에 부착하였다(Fig 1). 4주 적응기간 후 에틸알코올(70%) 투여와 함께 매일 24시간 지속적으로 5주 동안 부착하였다. 자석의 두께는 0.5 cm이고, 지름은 3 cm의 크기로 하였고, 자장의 영역은 철사상자 바닥에서 18 cm가 되게 하고, 면에서는 4 cm 정도가 되도록 측정(영구자석자력측정응용기기 모델-18K, 삼우상사, 한국)하여 자석을 SMF 상자에 부착하였다(Fig 2 또는 그림 2).

* 앞에서 언급하였듯이 cm, g 등은 띄어 쓴다.

---

(3) 데이터 수집을 위한 설문 연구조사

데이터수집을 위하여 설문조사를 자주 많이 사용하는데, 이 방법으로 효과적인 데이터를 얻을 수 있다. 질적연구에서는 이 방법에 의하지 않고는 실제로 자료를 수집할 수 없는 경우가 많다. 설문법에 대하여 몇 가지 주의할 사항을 다음에 명기하였다.

① 설문사항은 자기의 연구에 필요한 것에 한할 것
- 계획성이 없는 질문을 하여서는 안 된다.
- 타당성이 있는 질문이 아니면 응답자가 회답을 안할 수가 있어서 회답률에 안 좋은 영향을 끼친다.

② 회답하기 쉽게 설문 사항을 만들 것

- 설문서는 응답자가 가급적 회답하기 쉽게 설문을 작성해야 한다.
- 설문이 짧아야 좋다.
- 시간이 많이 걸리는 것은 회답률이 떨어진다.
- 하나의 질문에 하나의 답이 나오도록 해야 한다.
- 설문서는 선명해야 한다.

③ 직설적 설문을 할 것

- 질문자가 희망하는 회답으로 유도하는 것 같은 설문방법은 바람직하지 않다.
- Yes와 No로 답하는 질문도 피하는 것이 좋다.
- 질문서에는 각 항마다 여백을 두어서 회답자가 진실을 기술할 수 있도록 하는 것도 좋다.

④ 설문지의 크기도 생각해야 한다.

⑤ 회답률을 올릴 방법을 고안할 것

- 설문지와 함께 정중한 편지를 동봉하고, 그 속에 설문자의 신분, 연구목적 등을 기술하고 꼭 협력해줄 것을 당부한다.
- 설문지와 함께 지도교수의 협력요청을 한 추천서 등을

동봉하는 것도 바람직하다.

- 연구의 취지를 설명하고 협력해줄 수 있나 요청을 한 후에 보내도 좋다.
- 연구결과는 반드시 알려주겠다고 약속한다.
- 다양한 모임을 이용한다.
- 설문지는 2통을 보내고, 그중 1통은 응답자가 보관하게 한다.
- 회송주소가 있는 반송용 봉투에 우표를 붙여서 동봉한다.
- 설문지는 여분로 준비하고, 필요할 때는 재발송을 한다.
- 회답자의 서명은 회답자에게 맡긴다.

9) 결과의 기술 길라잡이

결과는 연구자가 지금까지 가능한 방법을 이용하여 목적이나 가설을 증명하기 위하여 얻은 보람의 결과물이다. 결과물을 체계적, 논리적으로 잘 처리해야 한다. 결과에서는 방법에서 나온 대로 기록을 하는 것이다. 여기서는 논의하고 고찰하는 것이 아니라 색이 적색이면 적색으로 나왔다고 기술을 하는 것이다. 적색으로 나온 이유 등은 논의에서 여러분의 결과를 논리적으로 설명하면 된다. 위의 경우는 결과와 논의를 분리할 때에 사용하는 기술법이다. 그러나 결과 및 논의를 합쳐서 쓸 때는 결과에 대한 논의를 함께해도 된다.

다시 언급하면 목적과 결론을 정당화하기에 충분한 자료를 제시해야 하고, 수집한 자료에 대한 결실을 세상에 제시하는 것이며, 필요한 경우에는 통계적 처리의 결과 등을 정확히 제시하여 연구자 자신과 심사위원에게 명확하게 결과를 보여줄 수 있도록 작성해야 하는 것이다. 연구결과는 긍정적인 것, 부정적인 것 모두가 혼합된 연구결과들을 모두 보여주어야 한다. 위 내용을 요약 정리하면 다음과 같다.

(1) 결과의 표현방법

① 제목 또는 목적 및 가설과 관련한 자료를 완벽하게 제시하는 것이 바람직하고 관련이 없는 자료는 과감히 제거해야 한다.

② 정돈되고 논리적인 방법으로 결과를 제시해야 하며, 결과제시에서 모호한 것은 있을 수 없다.

③ 결과를 정리하고 중요도 순으로 차례대로 나열하는 것이 좋다.

④ 통계적 수치(F, t, p값), 표준편차, 표본의 크기, 평균 등도 포함해야 한다.

⑤ 결과 부분은 논문 중 최대한 명확하게 써야 한다.

⑥ 일관성 있게 유사한 방법으로 표현하고, 단조롭고 반복적으로 작성한다.

⑦ 통계치를 제시할 때는 관습적 규칙을 따르는 것이 유리하다. 확률에서 유의수준을 쓸 때에 소수점 앞의 "0"은 쓰지 않는다($p<.05$).

⑧ 학위논문에서는 일반적으로 표를 많이 사용하지 않는 것이 좋다. 표를 사용할 때는 관례를 따르는 것이 좋다.

⑨ 표는 논의되는 내용과 가까운 곳에 배치하도록 한다.

⑩ 표를 나타내는 유사한 자료는 모두 똑같은 방식으로 제시한다.

⑪ 그림을 사용할 때는 관례에 따르라. 그림의 제목은 일반적으로 그림의 하단에 쓴다.

(2) 표의 작성요령

① 표의 작성은 논문의 꽃이다. 표에는 그동안 연구한 내용을 함축해서 독자들과 본인이 논문의 결론을 내는 중요한 자료이다. 연구하는 목적이 표를 얻는 것이라 해도 과언이 아니다. 그렇기 때문에 연구를 시작할 때에 표를 연상해서 연구계획을 만들어야 값진 데이터를 얻게 된다.

② 표의 제목은 표의 상단에 기재한다.

③ 표 상단부분에 표 내에 들어가는 수치 등의 단위가 확실히 표시되는 항목을 간결하게 작성해야 한다. 학생들이 표의 작성이 미숙하여 간단한 제목 또는 항목과 표 내에 측정수치만 나열하는 경우가 있는데 이는 다 잡은 고기의 요리를 맛없게 하는 경우라 할 수 있다.

④ 표 하단에 표를 바로 이해할 수 있게 간단한 주석을 해주는 멋도 챙겨야 한다.

⑤ 표 속에 통계 처리한 결과 등도 함께 표시해야 한다. 학생들이 간혹 통계처리를 이해 못 하여 통계를 해준 통계사가 준 데이터를 아무런 가공 없이 쓰는 것은 지양해야 한다. 타인이 준 데이터를 자기 것으로 만들어서 이해해야 한다.

⑥ 표는 가능하면 영어로 표기하는 것이 국제화에 도움이 된다.

⑦ 표 내의 가로 세로 줄은 외곽과 제목 부위만 남기고 투명선으로 작성하면 시각적 효과가 높아서 많이 상용하는 방법이다. 필요 이상으로 선이 많으면 투박해 보인다. 논문은 예술작품이라 생각하고 표와 그림의 공간배치를 잘해야 한다. 큰 표와 그림은 한 페이지씩

배치하여 여유로움을 보여주는 것도 중요하다.

표본 표의 예:

Table 1. Activities of GOT and GPT in serum after treating ethanol to rats

Treatment group	Activities in serum (U/L)	
	GOT	GPT
Normal control1)	60.33±4.970	19.17±2.14#
H2O.(negative)2)	117±20.02**	45.83±7.14#
Hangover A3)	95.33±4.46#	43.5±8.62#
Hangover B4)	104.33±19.34**	40.33±5.79#
Mag. N pole5)	113±16.37**	29.5±4.32#
Mag. N pole6)	107±15.62**	30.33±5.28#

Each values were represented as Mean & standard deviation.
Treatment groups:
1) healthy normal control.
2) negative control: H_2O plus ethanol administration group.
3) positive control A: hangover cure drink A plus ethanol group.
4) positive control B: hangover cure drink B plus ethanol group.
5) Magnetic N pole exposure group plus ethanol group.
6) Magnetic S pole exposure group plus ethanol group.
*p<.05. **p<.01. #p<.05. ##p<.01.
*: Significantly different group from the normal control.
#: Significantly different group from the negative control.

⑧ 표도 종류가 다양하다. 분산분석표, 회구분석표 등이
있다. 본인의 논문에 맞게 찾아서 만들면 된다.

(3) 그림(도표)의 작성요령

① 그림 또는 도표는 표를 근거로 하여 만들기 때문에 표
의 완성이 매우 중요하다. 정확한 표를 만든 후에 필

요에 따라서는 그림으로 표현을 하면 표를 바로 이해
하기 쉽게 된다.

② 논문에서 표와 그림을 동시에 게재하는 것은 바람직하
지 않다. 둘 중의 하나를 선택해서 자기의 결과를 충분
히 나타낼 수 있는 것으로 선택하여 게재해야 한다. 학
생들이 논문의 페이지를 늘릴 수단으로 모두를 기재
하는 경향이 있는데 이는 지양하는 것이 좋다.

③ 그림의 제목은 일반적으로 그림의 밑에 기재하고 제목
끝에 온점을 찍는 것이 상례이다.

④ 그림의 X, Y축에는 눈금, 제목, 단위를 반드시 표시해
야 한다.

⑤ 절선의 그림에서는 그림의 단위를 표시하는 상징기호
(symbol)를 제목 밑에 모두 표시하고, 주석을 달아주어
야 독자들이 이해할 수 있다. 예를 들면 다음과 같다.

(- □ -): 서울역 – 상계동 노선도; (- ◇ -): 종각 – 안양 노선도 등이다.
컴퓨터 그래프에서는 그림의 상징기호를 그림 바탕 안쪽에 넣는 경우도 있다.

⑥ 히스토그램에서는 막대의 길이가 너무 긴 경우는 아랫
부분을 절선으로 나타내고, 끝부분은 X, Y축의 눈금을
확대 및 축소해서 차이점이 분명히 나도록 하는 지혜
도 필요하다.

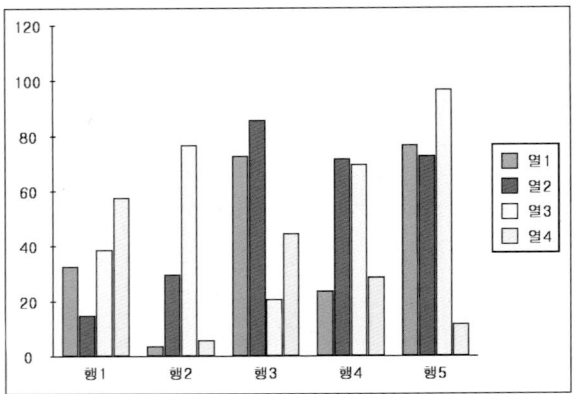

〈그림 1〉 막대그림의 모형

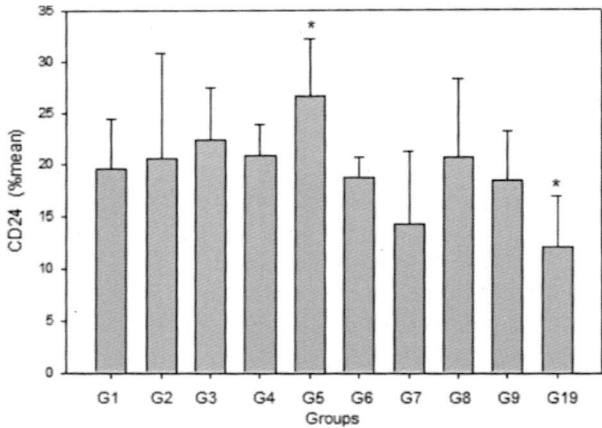

〈그림 2〉 Histogram of mean value of CD24 of each group of
mouse treated with deer in Table 3. G1-G10 indicate the
experimental groups.

⑦ 그림도 논문의 형태와 연구결과에 따라서 다양하게 표현할 수 있다. 원그래프는 전체를 100%로 나누어서 백분율로 표시하는 그림이며 분할이 너무 많으면 모양새가 좋지 않다. 산포도 그림 은산점을 이용하여 X, Y 축의 두 변인 간의 상관관계를 조사하는 데 유용하다. 최근에는 일러스트레이터를 이용하여 멋있는 그림을 그리기도 한다.

10) 토의 또는 논의의 기술 길라잡이

논의 첫머리에서는 연구의 제목 또는 목적 및 가설을 간단히 소개하고 이러한 결과를 얻었다는 것을 시작으로 기술한다. 논의에서는 연구자가 지금까지 얻은 연구결과를 비교 분석하고 이에 대한 소견을 밝히며, 또한 다른 연구결과와 비교하여 자기 연구의 결과를 높게 평가하는 장소이다. 이론 논문에서는 본론의 연구결과를 비교 분석하고, 자기의 연구결과를 비교 분석하기도 하며, 연구자가 발견한 연구결과와 이미 보고된 견해 사이의 일치점 또는 차이점에 대하여 기술한다. 연구결과의 이론적 또는 실용적인 면의 적용에 대해서도 간단하게 언급한다.

많은 학생들이 논의 또는 고찰에서 무엇을 해야 하는지를 놓고 방황하는 경우가 많이 있다. "자기의 연구결과를 놓고 시시비비를 가리는 것이지 다른 연구자의 연구를 평가해주는 장소가 아니라는 것을 알아야 한다."

작성요령은 자기의 연구결과를 그대로 복사해서 놓고 표와 그림을 모두 제거하고 기록한 결과 제목도 지우고 결과의 표 번호와 그림 번호는 남겨놓고 자기결과끼리 또는 다른 연구자들이 발표한 유사분야의 연구결과를 비교 분석하여 다른 연구자들이 발견한 것과 이러한 차이점이 있다든지 유사하다든지를 서술하는 것이다. 논의의 끝 부분에 가서는 간단하게 전체적인 요약과 결론을 내려도 된다.

논의 예:

<목적> 생쥐에 CPA를 전 처리하여 면역기능을 감소시킨 다음에 녹용의 전혈, 혈구 세포 및 혈장(plasma)을 처리하여 면역생리활성의 회복 정도를 측정하였다.
<결과의 인용> <표 2>와 <표 3>에 나타났듯이 마우스의 체중변화를 정상대조군 (26.48 g)에 비해서 saline 처리군의 증가가 25.50 g으로 낮게 나타났다. 여기에 약제를 처리한 결과 가미육미환과 십전대보탕 thymomodulin에서의 증가율은 24.49 g, 24.72 g, 25.49 g으로 saline 처리군보다 낮게 나타났으며, 전혈처리군에서 27.23 g 으로 가장 높은 증가율을 보여 효과적인 약제로 생각된다. 이와 유사한 연구를 김남주 (2000)가 발표하였는데 본인의 결과가 보다 높은 효율성을 나타냈다.
또 CPA는 체중대비 간의 무게를 감소시키는 데 <표 2> 약제처리에서는 유의성 있 는 증가를 보여 회복도가 증가함을 나타냈고 특히 혈구처리군의 경우 큰 증가율 (3.33%)을 나타냈다. 이는 간독성이 녹혈성분에 의해 간세포의 소포체 및 단백질 합성이 활발하게 일어나고 있음을 나타냈다. 홍길동(2009)이 이와 유사한 결과를 발표하였는데 본 결과는 간독성의 완화에 크게 기여한 결과라 평가한다. 마우스에 처리한 경우도 CPA는 체중대비 간의 감소와 비장의 증대를 나타내고 있는데 간에 있어서는 terrakraft(6.58%)와 혈구투여군(6.25%)이 유의적인 증가를 나타냈는데 이는 해독작용이 일어나고 있음을 의미한다. 비장에서는 전혈(2.54%), 혈구(1.34%), 혈장(1.05%), 가미육미환 I(0.81%), II(0.77%)에서 유의성 있는 비장 증대효과가 나타났는데 이는 파괴된 적혈구의 왕성한 제거에서와 조혈작용 증대에서 기인한다(<표 2>). 녹용이 조혈작용에 기여한다는 여러 보고와 일치했다(이명박 등, 1998; 이순신, 2000; 이형환, 2011).

---

11) 결론 또는 요약 작성 길라잡이

논문의 연구목적 또는 가설과 수행한 연구방법 및 이에 따른 연구 결과를 간결하게 핵심만을 기술한다. 자기가 발견한 결과만을 기술한다. 앞으로의 연구방향을 제시하기도 하고, 문제점, 활용성 등에 대한 의견을 간결하게 기술하여 결론을 매듭짓는다.

결론은 때로는 쓰기가 가장 어려운 부분 중의 하나이다. 많은 연구자들은 명심해야 할 것은 독자들이 제일 먼저 읽는 부분이 초록과 결론이라는 것이다. 초록도 아래 결론과 같은 방법으로 작성한다.

(1) 결론에서는 연구의 목적, 방법과 저자가 발견한 연구 결과 만을 간결하면서도 충실하게 기술한다.
(2) 기본적인 발견을 명쾌하고 간결하게 요점만을 간략히 기술한다.
(3) 연구가 중요한 이유를 설명하고, 타당성을 기술한다.
(4) 새로운 발견이 가치가 있고, 과학적이라는 것을 증명해 보여라.
(5) 결론에 정확성과 창의성이 있음을 언급한다. 저자의

가설이 선행연구와 유사하나 저자의 연구 결과가 창
의적이라는 것을 기술한다.

(6) 연구가 가설을 증명하였는지 또는 못하였는지를 언급
한다.

(7) 결론에서 "조사되었다"든지 "연구되었다"든지 기술하
는 것은 결론이 아니다.

(8) 연구과제와 관련이 없는 내용은 기술하지 않는다.

(9) 연구결과에 자신감을 가져야 한다.

(10) 본문에 있어야 할 내용을 포함시키지 않는다.

12) 참고문헌 정리의 길라잡이

참고문헌은 대개 인용문헌을 의미한다. 그렇기 때문에 실
제 인용한 참고문헌만을 포함해야 한다. 학생들은 자신들이
읽은 논문 모두를 참고문헌으로 작성하는 예가 있는 데 불
필요한 사항이다. 참고문헌을 작성할 때에는 학교의 규칙이
나 학술지의 규정을 미리 살펴보고 그 규정에 맞추어서 작
성을 해야 나중에 수고를 덜게 된다. 대개 보면 학생들은 다
양한 논문에 있는 참고문헌을 그대로 복사해서 기록을 하니
까 다양한 틀로 작성을 하는 경우를 종종 본다. 학술지는 학

술지대로 참고문헌을 정리하는 규정이 다양하고, 학교마다 참고문헌의 정리양식이 다르고, 학문분야 또는 지도교수의 취향에 따라서 다르게 작성을 하는 경우가 있다. 특별한 규정이 없는 대학에서는 작성한 논문을 투고할 학회지의 규정에 맞추어 참고문헌을 작성하는 경우도 많다. 연구자 또는 학생들은 자기 나름대로의 참고문헌 정리양식을 정해서 일률적으로 통일된 방법으로 참고문헌을 작성해야 현명하다. 참고문헌을 정리할 때에 미국의 Chicago University Manual 등을 기준으로 하여 사용하는 예가 많다. 그러나 그 참고문헌도 한 예이기 때문에 크게 신경을 안 써도 된다. 절대적인 규정이 아니기 때문이다.

(1) 참고문헌 찾아보는 방법

① 논문주제에 연관된 문헌을 찾아본다.
② 논문주제에 관련된 주요 저자와 학회지를 찾아본다.
③ 논문주제에 관련된 도서목록의 참고문헌 출처를 이용하라.
④ 논문주제에 관련된 전산화된 문헌탐색 방법을 이용하라.
⑤ 논문주제에 관련된 출판 전 논문을 입수하라.
⑥ 대중잡지는 인용하지 마라.
⑦ 수집한 문헌을 비판적으로 읽어 보아라.

(2) 참고문헌 배열방법과 표기요령

- 저자는 한 가지 방식을 적용해서 통일되게 기재해야 한다.
- 인용문헌이란 말이 더 어울린다.
- 논문작성에 인용이 안 된 문헌은 제외시킨다.
- 참고문헌은 논문의 타당성과 정확성을 입증하는 자료이며, 독자에 대한 친절한 안내서비스이다.
- 참고문헌은 알파벳순, 가나다라 순으로 배열하는 것이 좋다. 본 책의 참고문헌을 참고하여 작성하여라.
- 참고문헌을 살펴보면 논문의 성격과 내용을 판단할 수 있다.
- 개별참고문헌의 기재순서는 <저자명－연도－제목－출판사항－(연도)> 형식으로 주로 사용하고, 연도는 앞과 뒤에 공통으로 기입한다.

① 동양저자명

이름을 나열하고 중간에 점을 찍어서 분리한다. 3인 이상일 경우, "등 또는 외"로 표기한다.

예: 이형환·홍길동. 2001. 제목; 이형환 외, 2011; 이형환 등, 2011.

서양인 저자명의 기입방법도 동양인에게도 적용되는 부분이 많이 있다.

② 서양저자명

㉠ 성을 먼저 쓰고 이름을 뒤에 쓰며, 성과의 사이에 콤마를 찍는다.

예: Jackline Obama → Obama, Jackline 또는 Obama, J.

㉡ 제1저자부터 성의 알파벳순으로 배열하는 것이 좋고, 동일한 성의 이름도 알파벳순으로 배열한다.

㉢ 동일한 저자가 문헌이 여러 개일 때는 연도순으로 배열한다.

- 단독저서를 우선 기재한다.

- 연도순으로 기재한다.

㉣ 학술논문의 초록에서는 제1저자, 제2저자, 교신저자*로 구분한다.

- "교신저자"가 뒤에 있을 경우는 별표(*)로 이름 위에 표시하고, 하단에 *Corresponding author라 표시하고, 제1저자인 경우도 동일하게 표시한다.

예 1: Lee, H. H., H. S. Kim, & G. D. Hong*. Studies on the Naturopathy Theory. Journal of Natural Medicine 1(2): 2-10, 2011.
　　　<약자로 표기>: J. Nat. Med. 1(2): 2-10, 2011

* 학술지의 약식표기는 국제적으로 통일이 되어 사용되기 때문에 주의하여 이용을 해야 한다.

예 2: 이형환·홍길동*. 2011. 자연치유의 연구. 한국자연치유학회지 1(2): 2-10.
　　　<1권 2호 페이지 2-10>을 줄여서 위와 같이 표기를 주로 한다.

ⓜ 서양인의 성 앞에 de, von, van이 붙는 것은 보통 그대로 쓰는데, 성의 첫 자를 알파벳순으로 따른다.

예: de Barjac, Jack. 또는 von Barjac, J., (알파벳의 B열에 해당)

ⓑ 한국인의 성명이나 지명을 로마자로 표기할 때에 표준 기법을 이용하고 외국의 한문으로 표기된 고유명사는 외국음 그대로 표기하는 쪽이다.

ⓢ 공저자가 3인 이상일 때는 간편하게 제1저자 다음에 *et al.*로 표기도 한다.

예: Lee *et al.* Study of nature. J. Nat. Med. 1(1): 1-10, 2011.

ⓞ 참고문헌 목록을 연대순으로 기입하는 경우도 있으나, 피하는 것이 좋다.

ⓩ 참고문헌 목록을 인용순으로 배열을 하는 경우도 있다. 즉, 본문에 처음 저자명 위에 1번호를 넣고 번호순으로 배열하는 것으로 본문을 읽기는 편하나, 번호가 들쑥날쑥해서 매우 불편하다.

ⓩ 동일저자가 연속하여 나올 때 중복을 피하기 위하여 Ditto. 1, 2 등으로 표기하나, 이름을 중복해서 사용해도 무방하다.

예 1: Lee, H. H. Naturopathic theory. J. Nat. Med. 1(1): 2-10, 2011.
　　　Ditto. 2. Yoga exercise. 2(1): 3-8, 2011.

예 2: 이형환. 2011. 자연치유학 개론. 한국자연치유학회지 1(1): 2-10.
　상동 또는 위. 2011. 풍수학 개론. 한국자연치유학회지 2(1): 3-11.

그러나 저자명을 그대로 사용하는 것이 더 바람직하다.

㉠ 저자가 2~3인일 때는 저자명 기입은 동양인의 경우
는 <이형환·홍길동> 식으로 표기하고, 서양인의 경우 제1
저자명만을 (성-이름)의 순으로 적고, 제2, 제3저자명은
(이름-성)의 순으로 적는 방법, 또는 저자명을 모두 (성-
이름)의 순으로 적는 방법이 있다.

* 선택은 저자나 기관 또는 학술지의 투고요령에 달렸다.

예 1: Kennedy, J. F., K. K. Kim, and J. L. James. 2011. 제목-.

예 2: Kennedy, J. F., Kim, K. K. and James, J. L. 2011. 제목-.

㉢ 저자가 2인 이상일 때는 참고문헌 목록에는 전부를 적
는 것이 원칙이며, 마지막 이름 앞에서 <and>를 위와 같이
사용한다.

㉣ 편저자, 역저자명 표기법(동서양의 예)

서양인의 경우 (이름-성)의 순으로 기입한다. 책이름 다음
에 온점(.)을 찍고 저자명을 적은 후에, "Ed." 또는 "역" 등
을 기입한다. 저자명이 없는 것은 서명을 기준으로 표기하
며, 서명 앞의 관사(A, An, The) 등은 배열을 무시한다.

예: Fox, G. H. (홍길동 역). 자연치유학개론. 한국지식정보.

③ 출판사항 기재법

㉠ 학술지의 경우

- Nature Vol. 7 No. 3 pages: 10-20, 2012. 의 경우에는
Nature 7(3): 10-20, 2012. 로 표기한다.

- 자연과학 7(3): 10-20, 2012.

㉡ 서적의 경우

- 인문사회계열에서는 <출판사 소재지: 출판사 명칭,
연도> 형식 출판사 소재지: 출판사(Publishers, Co., 는
생략하고 Press 등으로 생략하여 표기)

예1: 제목, NY: Academic Press, 2012.

예2: 제목, 서울: 학술정보, 2012.

- 자연계열에서는 <제목. 출판사, 소재지, 국가, 연도> 형식

예3: -제목. Academic Press, San Diego, California, USA, 2000, pp. 500-520. 이라 표기도 한다.

- 성양서적의 서명은 이탈릭체로 주로 쓴다.

④ 학술지의 약자

영문 학술지는 이미 지정된 것이 있어서 그것을 사용하는 것이 좋다.

㉠ Journal → J.로 대개 표시

ⓛ Korea → Kor.

ⓒ American → Amer.

ⓔ 원칙적으로 자음의 다음, 모음의 앞에서 끊는다.

Ann.(Annals), Nat.(Natural, National)

ⓜ 예외: Sci.(Science), Annu.(Annuaire) 등

Proceedings of National Science Academy(PNSA)

(Proc. Nat. Sci. Acad.)

⑤ 페이지 번호 매기기

논문의 교정이 모두 끝났을 경우에 머리말부터 최종페이지를 붙이고, 표, 도표, 참고문헌 등 모두가 일관된 번호를 붙여야 한다.

13) 인용과 주석 작성의 길라잡이

(1) 인용(quotation)

논문 또는 저서 속의 문장 일부를 그대로 따와서 자기의 논문 또는 저서 문장속에 삽입하는 것을 말하며 종류로는 직접인용(원문 그대로 인용하는 것)과 간접인용(그 내용만을 추려서 사용하는 경우)이 있다.

- 서론, 연구배경 등을 작성할 때 많이 이용한다.

- 주로 자기 논문에 직접 관계가 있는 것만 인용 한다.
- 인용은 저자의 독창적인 발견과 이미 알려진 사실과의 차이를 나타내기 위해 필요한 것이므로, 이 차이를 정확하게 하지 않으면 표절이 될 수 있다.

① 직접인용

㉠ 인용문에는 여러 가지 기호으로 표시할 수 있다.

예: 인용부호 (" "), ( ), 밑줄표시, (「 」), (' '), 글자체 크기 및 모양을 달리 표시한다.

㉡ 문장의 끝에 인용문 출처(저자, 연도, 면수 등)를 표시, 또는 주(註) 또는 참고문헌을 표시한다.

㉢ 문장의 직접인용은 문장이 있는 그대로 복사하는 것이다. 인용문에 없던 밑줄 및 부호를 사용할 때는 인용자가 표시한 것을 밝혀야 한다.

㉣ 문구를 생략한 부분은 (…)로 표시한다.

㉤ 1개 이상의 절을 생략했을 경우는 (………)로 표시한다.

㉥ 앞뒤를 잘라버린 인용문은 바람직하지 않다.

② 간접인용

㉠ 인용부분의 문장 내용만을 인용하기 때문에 요약식으로 다루는 경우가 많다.

ⓛ 원저자의 기재내용을 정확하게 요약인용해야 하며, 인용부호는 사용하지 않는다.

ⓒ 인용논문의 저자이름 뒤에 호칭은 붙이지 않는 것이 일반적이다.

(2) 주(註)

논문이나 저서의 본문 중의 어떤 특정부분에 대하여, 이해를 돕도록 그 뜻을 풀어 보완적으로 풀이하는 것을 주(註)라고 한다. 이로운 점은 문헌의 근거를 밝히는 것으로 자기의 발견이나 이론을 돋보이게하는 의미도 되며, 독자로 하여금 이해에 도움이 되게 하고, 문헌평가를 가능하게 하며, 본문에서 설명하지 못한 부분을 따로 보충하는 역할도 한다.

① 주의 종류

위치에 따라서 각주, 내주, 할주, 두주, 측주, 미주 등으로 분류할 수 있다.

ⓞ 각주(脚註, footnote)

각 페이지의 밑에 줄을 긋고(필요한 경우사용) 본문과 구별하여 본문보다 작은 글자로 쓰며, 문단의 우측에 어깨번호로 대개 표시한다.

ⓛ 내주(內註)

문장 내에서 저자명과 연도 뒤에 페이지를 기입하는 주이다.

ⓒ 할주(割註)

본문 속에 주를 필요로 하는 용어 등 설명을 문장 바로 다음에 소활자로 한두 줄 괄호 속에 써 넣는 것으로 법학계통이나 한서(漢書) 등에 그 예가 많다.

ⓔ 두주(頭註)

해당페이지의 상단에 있는 공란에 기입하는 주이다.

ⓜ 측주(側註)

세로쓰기에서 해당페이지의 왼쪽에 세로선을 긋고 소활자로 기입하는 주이다.

ⓗ 미주(尾註)

주를 문장 맨 뒤에 기록하는 것이다.

② 주의 표시방법

문장 중에 주를 필요로 하는 용어 또는 문장의 바로 우측 상단 혹은 우측하단에 1) ① (1) 등의 작은 글자체의 숫자를 붙이거나 특수기호(*) 등을 붙이기도 한다. 보주식(補註式), 즉 주가 많을 경우에는 장이나 절 뒤에 몰아서 넣는 경우도 있다.

㉠ 단행본의 주 표시: 저자명, 책 명칭, 발행장소, 발행처

(출판사), 발행연도, 페이지의 순서로 기입한다.

예: 이형환, 논문작성법, 서울, 대학교출판부, 2011, p.l. 또는 pp.1-20.

Lee, H. H., *Dissertation*, Seoul, Lifescience Pub., 2011, p.l.

ⓛ 저자명 표시

- 성명을 제일 앞에 기술하고 반점(,)을 찍는다.
- 한국인은 2명 이상일 때 이름을 모두 쓰고(이형환·홍 길동) 중간에 가운뎃점 또는 반점을 사용한다.
- 서양인의 경우는 Lee and/(&) Kim, Lee et al.,(2인 이상 의 경우), Lee and Kim, eds.,(공저의 경우)로 표시한다.
- 이형환·홍길동(공저)으로 표시한다.

ⓒ 책 이름과 페이지 표시요령

- 동양 책은 「 」, 서양 책은 밑줄이나 이탤릭체로 표시한다.

예: 이형환, 「논문작성법」, 서울: 한국학술정보(주), 2011, pp.1-20.
Lee, H. H., *Dissertation*, Seoul, Korea Publisher, 2011, pp.1-2.

- 단일 페이지이면 <p.l.>로, 복수이면 <pp.1-20.>으로 표 기한다.
- 재판 표시 2nd ed., 개정판 rev. ed.(revised edition), 수정 증보판 rev. & enl. ed.(enlarged edition)로 표기한다.

예: Fox, D. J. (이형환 역), 「논문작성법」, 서울: 한국학술정보(주), 2011, pp.1-20.

ⓔ 신문의 인용 표기요령

「조선일보」(서울) 2011. 5. 7. p.1.

The Chosun News, 7 May, 2011, p.1. Col. 8.

ⓜ 학술논문의 표기요령

이형환. 2011. 피톤치드의 자연치유력. 한국자연치유학회
지 1: 1-10.

14) 부록

부록은 필요한 경우에 첨부한다. 심사위원들에게 학생이
적절한 방식으로 과제에 접근했다는 것을 안심시키는 데 중
요하다. 추가적인 세부사항 모두를 기록한다. 설문지, 승낙
서, 지시문, 연구가 끝난 후 피험자들에게 제시한 연구결과
보고서, 저작권, 사진 등을 첨부한다.

제3장

논문작성을 위한 점검사항

논문을 쓰기로 했으면 준비점검표를 만들어서 준비사항
을 점검해야 한다.

1) 논문작성을 위한 사전 점검사항

(1) 컴퓨터 워드작업과 활용기술 점검

- 논문을 컴퓨터 자판을 이용한 워드로 입력하여 문장을
  만들고 체계를 갖추어야 하기 때문에 논문 작성을 위한
  사전 준비사항에서 제일 중요하다고 생각한다. 워드작
  업을 자유롭게 하지 못하면 본인이 논문을 자기 생각과
  스타일로 작성 및 수정과 보완을 하지 못하여 제대로
  논문을 쓰지 못하는 심각한 문제에 봉착을 하게 된다.

준비가 안 되었으면 컴퓨터 교육을 받아서 숙달되어야
한다.
- 컴퓨터를 활용하여 문헌의 검색과 통신에도 숙달이 되
어야 한다.
- 워드작업과 논문작성을 잘하려면 문장력, 문법, 철자법
등도 자세하게 알아야 한다.

(2) 측정도구와 분석력 체크
- 논문의 연구에 사용되는 측정 도구는 연구의 데이터의
질을 나타내기 때문에 정확한 측정을 위하여 도구의 사
용법과 데이터 수집법 등에 숙달되어야 한다.
- 또한 측정도구에서 기록되는 데이터의 작성과 분석력을
정확히 알아야 한다.

(3) 참고문헌 및 자료의 수집 원활
- 참고문헌은 논문작성의 가장 기초적이며 제일 중요한
부분이다. 문헌의 수집능력과 연구에 필요한 자료를 사
전에 모두 준비하는 치밀한 점검이 연구 성패를 좌우하
니 준비를 철저히 점검해야 한다.

(4) 데이터의 통계적 분석력 체크

- 연구하여 얻은 결과를 표와 그림을 이용하여 정리하며, 통계적으로 분석하여 판단을 하여야 하기 때문에 통계적 처리 능력은 높은 수준의 분석력을 갖추도록 숙달되어야 한다.

(5) 연구비의 확보 점검

- 연구를 수행하려면 당연히 연구비가 필요하다. 연구비를 조달할 계획과 연구계획서 등을 사전에 준비하고, 연구비 지원기관 등의 정보를 확보하여야 한다. 필요한 경우에는 지도교수와 협의하여 지도교수의 프로젝트를 수행하는 실력을 갖추어야한다.

(6) 지도교수와의 교감

- 학생은 논문작성 중에는 항시 지도교수와 상담을 통해서 모든 사항을 수시로 점검하고 지도교수의 수정과 교정을 받아서 논문을 작성해야 하기 때문에 지도교수의 일정과 잘 맞추어서 상담을 받아야 한다.

(7) 대학교 및 학과의 논문작성에 대한 규정과 규칙 점검
- 대학교 및 학과의 논문작성에 대한 규정과 규칙 점검을

잘 숙지하여 불필요한 시간과 경제적 손실을 줄이어야
한다. 학교마다 논문의 형식이 정해져 있다. 그 형식에
맞추어서 논문을 작성하면 된다.

(8) 논문 제출일 및 심사일정 점검

- 청구논문의 제출일 또는 예비발표가 있는 학교에서는
  예비발표의 준비와 본 논문의 제출일 등을 잘 점검해서
  기일 내에 완성하는 지혜를 발휘하여야 한다.

(9) 논문심사위원 또는 자문위원과의 상담

- 학교별로 논문을 작성하기 전부터 자문위원을 두는 학교
  에서는 논문의 진행 과정을 자문위원들과 수시로 진행사
  항과 애로 사항을 상담을 자주하면 크게 도움이 된다.
- 심사위원은 주로 지도교수가 선정을 하게 되며 경우에
  따라서는 학생이 의견을 제시 할 수 있다.

(10) 자기 시간관리

- 논문을 작성하려면 많은 시간과 노력이 필하다. 준비 기
  간 동안 정신을 집중하여 작성을 할 수 있는 시간의 준
  비가 가능한지를 계획하여야 한다. 많은 대학원생들이
  전일제로 학교에 나오는 경우는 학교에서 모든 것을 준

비할 수 있다. 직장을 가지고 다니는 학생의 경우는 시간의 제약을 받을 수 있기 때문에 시간의 준비가 꼭 필수적이다. 논문은 하루아침에 소설 쓰듯이 작성하는 것이 아니므로 학생들은 연구나 실험을 할 때에 반드시 기록을 철저하게 세밀히 해놓으면 논문을 쓸 때에 잘 정리만 해도 초벌은 준비가 쉽게 될 수 있다. 긴 시간 동안 노력과 정성을 들여야 하기 때문에 자기와의 전쟁이다. 승리의 그날까지 수련의 길을 차분히 뚜벅뚜벅 걸어가기를 권한다.

2) 논문의 마무리

(1) 문헌의 중요성

문헌은 논문을 구성하는 가장 중요한 요소 중의 하나이다. 연구에서 아무리 좋은 연구를 발견하였어도 이미 다른 연구자가 발견했다면 무의미한 것이 되고 만다.

(2) 논문은 학계에서 인정되고 있는 국제성이 높은 언어, 즉 영어, 독일어, 프랑스어, 이탈리아어, 라틴어 중의 어느 언어로 작성해야 선취권을 확보할 수 있다. 초록이나 적요 및 결론이라도 영어로 써야 국제적인 논문의 반열에 선다.

3) 표절에 대한 관심

다른 사람의 생각이나 글 등을 자신의 것인 양 사용하는 것도 표절이다. 다른 사람의 글을 인용부호 없이 옮기는 것도 표절이다. 다른 사람의 문장을 아주 비슷하게 바꿔 쓰는 것도 표절이다. 다른 사람의 아이디어를 자기의 것인 양 하는 것도 표절이다. 문단-주제를 구성하는 방식을 모방하는 것도 표절이다. 저자들 자신의 글로 아이디어를 구성하는 방식을 찾아내야 한다.

제4장

학술논문 작성의 길라잡이

학술논문은 전문학술 또는 학회지에 투고하는 논문이다. 대개 한 특정과제를 중심으로 심도 있게 전개하는 논문이다. 논문을 쓰는 기본기술은 학위논문과 비슷하다. 그러나 적은 페이지에 함축된 내용을 간결하게 작성해야 한다. 논문의 심사도 그 분야의 전문가들이 하기 때문에 철저한 준비를 하여 학회의 규정에 맞게 작성해야 한다. 석사 또는 박사 학위논문은 반드시 학회지에 투고되어야 제값을 다 받게 되고 많은 독자들이 읽고 인용하고 학술의 발전에 기여하게 된다. 여기서는 일반적인 학술논문의 체계만 소개를 했다.

1) 학술논문 쓰는 순서

(1) 연구계획서의 작성 및 규정을 검토한다.

(2) 자료수집을 한다.

(3) 결과 및 그림의 설명도를 작성한다.

(4) 대체적인 초고를 만든다.

(5) 초고를 마무리 짓고, 집필을 시작한다.

(6) 내용에 대한 모든 사항을 체크한다.

(7) 학회에 논문을 제출한다.

2) **학술논문의 체제**: 투고 규정에 맞게 격식을 갖춘다.

3) **논문의 분량을 점검**: 학회마다 논문의 분량을 제한하고 있다.

4) **발표인가와 해제**: 기관에 따라서 발표 전에 기관의 인가를 받아야 한다.

5) 형식과 내용

(1) 표제

(2) 저자명, (직함), 근무처, 연락처(이메일)

(3) 초록

(4) 서론

(5) 본문

(6) 결과, (표, 그림, 사진 등 포함)

(7) 토론/토의/논의/고찰 등으로 표현

(8) 요약, 감사의 말 (연구비 지급기관 등의 명시)

(9) 참고문헌

(10) 부록 기타 논문에 사용한 자료 (필요한 경우)

*저자명에서 제1저자와 교신저자로 구분하며, 교신저자*에 별표(*)를 붙여서 표시하고, 하단에 각주로 * Corresponding author라고 기입한다.

*연락처기입－이메일, 전화번호, 팩스번호 등을 독자들에게 제공한다. 교신저자는 대개 지도교수이다.

제5장

리포트 작성의 길라잡이

리포트 작성의 형식을 간략히 간추려서 정리했다. 학교에서 교수님들이 리포트를 제출하라고 하면 대부분의 학생들은 책을 복사해서 그냥 제출하는 예가 많다고 본다. 리포트도 논문의 형식을 갖추어서 제출하면 좋은 점수를 받을 수 있으리라 믿는다.

1) 제목: 지정된 내용에 대한 주제를 선택하여 기술한다.
2) 목차
3) 서론 및 목적을 기술한다.
4) 본론: 목적의 타당성을 추출해낸다.
5) 결과 및 논의를 작성한다.
6) 결론을 내린다(결론은 실제적으로 읽는 교수 또는 위 상사가 알기 쉽도록 정리해야 하고, 장단점을 기술한다).

7) 제언 등을 언급한다.

8) 참고문헌을 표기한다.

9) 부록 등을 첨부한다.

참고문헌

권소희. 2009. 호스피스 암환자 가족을 위한 문제해결중심 위기중재의 개발과 효과. 서울대학교 박사학위논문.

엄세천. 2009. 변액보험에 관한 연구. 연세대학교 박사학위논문.

윤혜선·이형환. 2010. Ethanol로 손상된 흰쥐 간의 자기장에 의한 자연 치유 효과. 한국동방학회지 동방논집 3(1): 33-41.

이근화. 2010. 사암침법과 승록침법 기본원리 비교연구. 동방대학원대학교 박사학위논문.

이미영. 2008. 제휴파트너의 홍보방식이 소비자 평가에 미치는 영향. 고려대학교 박사학위논문.

이상철. 1999. 국내 석·박사 학위 논문의 고유한 식별과 검색을 위한 URN 이용방안. 연세대학교 박사학위 논문.

이월란. 2008. 직무스트레스와 직무만족, 조직몰입: 사회적 지원의 완충, 예방, 대처효과. 고려대학교 박사학위논문.

이종규. 2007. 질적 연구방법론. 서울: 교육과학사.

장무호. 2010. 추나요법에 의한 요추디스크의 치료 연구. 동방대학원대학교 박사학위논문.

조일환·이철규·임헌길·이형환. 2004. 한국산 지렁이(*L. rubellus*)에서 분리한 lumbrokinase의 약리학적 특성. 한국생명공학회지 19(4): 274-283.

최문억. 2004. 株式會社 理事의 責任制限에 관한 硏究. 서울대학교 박사학위논문.

홍순복·이형환. 2010a. 쥐에서 녹혈의 조혈촉진에 의한 치유효과. 한국동방학회 동방논집 3(1): 86-97.

홍순복·이형환. 2010. 생쥐에서 녹혈의 면역생리활성에 의한 치유효과. 한국동방학회 동방논집 3(1): 108-115.

Adamczyk, A. 2009. Socialization and selection in the link between friends' religiosity and the transition to sexual intercourse. Sociology of Religion 70: 15-27.

Corfield, P.J. From poison peddlers to civic worthies: The reputation of the apothecaries in georgian England. Social history of medicine 22(1): 1 - 10.

Doel, M.A. and Segrott, J. 2003. Beyond belief? Consumer culture, complementary medicine, and the disease of everyday life. Environment and Planning D: Society and Space 21: 739-759.

Douglas, T. 2009. Medical injury compensation: beyond 'No-Fault. Medical Law Review 17: 30-31.

Giovannini, C., B. Scazzocchio and R. Varì. 2007. Apoptosis in cancer and atherosclerosis: polyphenol activities. Ann Ist Super Sanità 43(4): 406-416.

Haldman, S. 2005. *Principles and practice of chiropractic.* McGraw, NY.

James. 1997. *Research design in occupational education.* Oklahoma State University, USA.

Kerlinger, F.N. 1986. *Foundations of behavioural research* (3th ed.). London: Harcourt Brace Jovanovich College Publishers.

Kerlinger, F.N. and Lee, H.B. 2000. *Foundations of behavioral research* (4th ed.). USA: Wadsworth, Thomson Learning.

Kim, G.H., J.H. Choi, H.H. Lee, S.W, Park, S.S. Kim and H.W. Yu. 2006. Identification of novel mutations in the human ornithine transcarbamylase(OTC) gene of Korean patients with OTC deficiency and transient expression of the mutant proteins *in vitro.* Human Mutation 27: 159-1166.

Kim, S.Y., J. Kang, H.H. Lee, C.G. Kim, T.K. Park and H. Kang. 2011. Mechanism of activation of human c-KIT kinase by internal tandem duplications of the juxtamemebrane domain and point mutation at aspartic acid 816. Bioch. and Biophy. Res. Comm. 410: 224-228.

Lester, J.D. 1997. *Writing research papers, a complete guide.* Scott Co.

Lee, H.H. 1979. *A baculovirus Molecular Genetic Studies.* Ph.D. Dissertation, University of Idaho, USA.

Lee, H. H., M.J. Lee, S. H. Lee, I. Cho and K.J. Park. 2002. Saeng-Maek-San, a medicinal herb complex, protects liver cell damage induced by alcohol. Biol. Pharm. Bull. 25(11): 1451-1455.

Lee, J.S., H.Y. Kim, K.J. Park and H.H. Lee. 2005. Effects of soybean embryo on liver protection and lipid metabolism of alcohol-fed rats. Food Science and Biotechology 14(1): 102-107.

Lee, K.Y., E.Y. Kang, S. Park, K.H. Yoo, J.Y. Kim and H.H. Lee. 2005. Mass spectrometric sequencing of endotoxin proteins of *B. thuringiensis* ssp. *konkukian* extracted from polyacrylamide gels. Proteomics 6: 1512-1517.

Morrison, K.R.B. 1993. *Planning and accomplishing school-cantered evaluation.* Norfolk: Peter Francis Publishers.

Park, K.J., H.Y. Song and H.H. Lee. 2004. Effects of Korean *Citrus junos* and medicinal herbs on liver protection and lipid metabolism of alcohol fed rats. Kor. J. Environ. Biol. 22(1): 141-147.

Park, K.J., H.Y. Kim, B.J. Chang and H.H. Lee. 2004. Ameliorative effects of soy 11S protein on liver damage and hyperlipidemia in alcohol-fed rats. Biol. Pharm. Bull. 27(10): 1636-1641.

Popper, K. 1961. *The logic of scientific discovery.* New York: Science Education.

Portes, A. 1998. Social capital: Its origins and applications in modern sociology. Annu. Rev. Sociol. 24: 1-24.

Shim, S.B., S.H. Lee, D.Y. Hwang, H.H. Lee and Y.K. Kim. 2008. Nicotine leads to improvements in behavioral impairment and an increase in the nicotine acetylcholine receptor in transgenic mice. Neurochem. Res. 33: 1783-1788.

Sternberg., D. 1981. *How to complete and survive a doctoral dissertation.* New York: St. Martin's Press.

Tashakkori, A. & Tedlie. (염시창 역). 2007. 통합연구방법론. 서울: 학지사.

이형환

미국 University of Idaho 분자생명과학 박사(Ph. D.)

미국 Cornell대학교, 호주 Melbourne대학교, 일본 Kyoto대학교, 프랑스 Pasteur연구소 등의 방문연구교수 역임

미국 University of Utah 의과대학 연구교수 역임

미국 Utah Valley Hospital 임상연구원 역임

동방대학원대학교 자연치유학과 주임교수 및 학술원장 역임

한국생체기능조절연구학회 회장, 한국균학회 회장 역임

한국미생물생명공학회 회장 역임

(사) 생명공학유전자학회, Medical & Faculty Genetic Counselor · Science Korea운동 강사단장

현) 건국대학교 생명과학과 명예교수

University of Natural Medicine(USA) 교수

동방대학원대학교 자연치유학과 석좌교수

필리핀 이리스트대학교 건강학과 석좌교수

한국생기도협회 회장

한국자연치유학회 회장

생기도 피부건강센터 원장

한국문인협회 詩人

국내외 발표된 학술논문 218편, 저술 25편

이재훈

미국 Virginia Polytechnic Institute and State University 컴퓨터공학과

학위논문
작성 길라잡이

초판인쇄 | 2012년 3월 9일
초판발행 | 2012년 3월 9일

지 은 이 | 이형환·이재훈
펴 낸 이 | 채종준
펴 낸 곳 | 한국학술정보㈜
주   소 | 경기도 파주시 문발동 파주출판문화정보산업단지 513-5
전   화 | 031) 908-3181(대표)
팩   스 | 031) 908-3189
홈페이지 | http://ebook.kstudy.com
E-mail | 출판사업부 publish@kstudy.com
등   록 | 제일산-115호(2000. 6. 19)

ISBN   978-89-268-3184-7 93370 (Paper Book)
        978-89-268-3185-4 98370 (e-Book)

내일을여는지식 ▰ 은 시대와 시대의 지식을 이어 갑니다.